FLENSBURGER HEFTE

GENUG

Das Maß des Menschen und das Maß des Lebens

Lizenzangaben für die Bilder in diesem Buch:

Motto

„Wir werden schnell Einigkeit darüber herstellen können, daß wir kein fertiges Bild davon haben, wie die Gesellschaft der Zukunft aussehen wird. Das Problem ist, daß wir erst eine Form von engagierter Gesellschaft schaffen müssen. Die Mitglieder der Gesellschaft müssen sich als Teil eines politischen Gemeinwesens verstehen und nicht als Politikkonsumenten, als Konsumenten von Anne-Will-Politik und sonstiger Pseudopolitik. Das heißt aber, diese reaktivierte Gesellschaft muß sich auf einen Weg des Lernens begeben. Denn wir sind ja in vielerlei Hinsicht mit Problemen konfrontiert, für die es keine vorformatierten Lösungen gibt. Wir können uns also als eine lernende Gesellschaft neu erfinden. Wir müssen eine Gesellschaft von Selberdenkern werden. Das ist eine faszinierende Herausforderung."

(Harald Welzer)

Inhaltsverzeichnis

Reichtum gibt es für den Menschen innerlich und äußerlich. In beiden Bereichen ist er, nicht selten zum Schaden seiner Mitwelt, aktiv. Eine neue Erfahrung der Verbundenheit ist darum wichtiger denn je.

Reichtum: innerlich und äußerlich. Innovationen und Rebound. Komposition versus Organisation (Verbundenheit und Separation). Wahrheit und Wirklichkeit.

Der leibliche Sinn für das Genug ist fast erblindet, wenn es um das Verhältnis des Menschen zur Welt geht. Die Taten des Menschen haben zu unumkehrbaren Folgen geführt.

Leben unter gänzlich anderen Vorzeichen. Die Veränderungen der Welt und die Lebenserwartung. Im Anthropozän. Vorausschau ist nötig und möglich.

Mit Problemen konfrontiert, für die wir Heutigen noch keine Lösungen gefunden haben, sind wir auf eine besondere Form des Vertrauens angewiesen – und darauf, endlich zu begreifen, was wirklich Genug ist.

Die Megamaschine. „Nicht-Wissen" und bewußtes Vertrauen. Begreifen, was Genug ist. Lassen ist menschlich.

Die Sucht nach materiellem Reichtum, nach Geld, Gold und Gut, ist scheinbar kaum noch zu bremsen. Die Lebensverhältnisse sind schon zu solchen geworden, daß Menschen in neuen Kasten gefangen sind.

Drei Fallen. Trautes Heim, Glück allein? Spekulative Geschäfte mit nichts. Was für ein Leben!

Superreiche setzen sich ab, indem sie für sich privatisierte Städte und Regionen schaffen. Aber auch „die anderen" formieren sich in eigenen Gemeinschaften, Netzwerken und Ökodörfern. Wohin führt diese Fraktionierung der Menschengemeinschaft?

Genug von „allem". Gated communities. Extremisten unter sich. Revolten und Gesinnungsenklaven. „Himmlisches" Jerusalem.

An die Stelle einer mitweltlichen Auskömmlichkeit ist der Wahnsinn des Konsums getreten. Ist es überhaupt noch möglich, die natürliche Welt zu erleben? Der Druck des Leidens an dieser Frage führt aber auch zu einer neuen Chance. Das große Fressen. Konsum macht reich. Aufmerksamkeit. Die Überforderung und der Ausstieg.

Vorwort

Vielleicht haben Sie lange nicht mehr darüber nachgedacht, wieviel eigentlich genug ist. Wenn dem so ist, leiden Sie möglicherweise gerade keinen Mangel. Denn es fällt schnell auf, daß uns gerade das Nicht-Genug nach dem fragen läßt, wieviel eigentlich zu einem guten Versorgtsein gehört. Und weil wir hierzulande immer mehr als genug haben, fragen wir uns nur selten danach, ob es nicht längst von allem zuviel ist. Dabei hätten wir vielfach Grund dazu, wenn man sich ansieht, was wir Menschen vor lauter Konsumsucht aus der Welt gemacht haben.

Schließlich ist es ein vornehmes Ziel, ein gutes Auskommen haben zu wollen. Nicht zuwenig, aber auch nicht zuviel – darauf kommt es an, denn auf solcher Basis kann sich Wohlgefühl entfalten. Die Auskömmlichkeit ist das Maß des Lebens. Wir sind am besten bei uns selbst und im Leben, wenn wir im Sinne der Auskömmlichkeit versorgt sind. Zuwenig oder zuviel lassen entweder zu schwach oder krank sein. Leiblich ist das fest in uns verankert. Es ist mit unseren Instinkten verbunden, regelt – wenn es gutgeht – die Bedürfnisse, die befriedigt werden wollen.

Angenommen, wir könnten ausschließlich in diesem Sinne leben. „Angenommen", weil das offenbar nicht einfach zu machen ist, weil wir Menschen uns mit dem Auskömmlichen keineswegs zufriedengeben, solange ein Noch-Mehr möglich ist. Also – stellen Sie sich einmal für einen Moment vor, wie es wäre, wenn wir Menschen mit dem Auskömmlichen wirklich und dauerhaft zufrieden wären: Dann sähe die Welt ganz anders aus!

Auskömmlichkeit hat auch sehr viel mit Genügsamkeit zu tun. Letztere ist keineswegs Ausdruck von Naivität, sondern beruht – jedenfalls für Erwachsene (Kinder sind von Natur genügsam, solange man sie läßt) – auf einem gereiften, wachen Bewußtsein. Der genügsame Mensch weiß nämlich, wann es für ihn oder für irgend etwas genug ist. Er weiß es! Dieses Wissen ermöglicht zugleich die Zufriedenheit mit dem, was man hat und ist. Gleichmut stellt sich ein, Ergebenheit.

Auskömmlichkeit, Genügsamkeit, Zufriedenheit, Gleichmut, Ergebenheit – sind diese Begriffe in Ihrem Leben noch präsent? Gibt es aktuelle Situationen und Erfahrungen, die sich mit diesen Worten charakterisieren lassen?

In diesem Buch werden wir einen Blick auf die äußere und die innere Welt werfen, um uns anzuschauen, wie sie sind. Und es wird um die

Möglichkeit gehen, diese beiden Welten wieder dort miteinander zu verbinden, wo sie getrennt sind: nämlich in uns.

Mitchell Bay und Herdecke, Oktober 2016

Peter Krause

Teil 1:

Das natürliche Mass des Menschen ist gefährdet

Gefährlich genial:
Der Mensch!

Für Kinder sind Raum und Zeit noch riesig, schier grenzenlos. Wenn es gutgeht, können (und sollen) Menschen das in ihrer Kindheit weidlich genießen. Von allem und jedem gibt es mehr als genug. Leben ist schön, voller Möglichkeiten, immer wieder neu. Alles ist machbar, von allem gibt es für alle genug. Lebewesen kümmern sich umeinander, haben sich lieb, und immer ist jemand da, wenn Hilfe benötigt wird. Kinder, die das so erleben, weil die Verhältnisse in ihrer Umgebung angemessen, also (noch) intakt sind, strahlen auf andere aus, was dieses Erleben der Welt für sie bewirkt: Sie machen fröhlich, bewirken Ruhe und Frieden, beseitigen Ängste und Zwänge, bringen Licht in den für Erwachsene nicht selten trüben Alltag. Kinder leben noch ganz in der Wirklichkeit und Wahrheit des Lebens. Kinder!

In diesem Sinne können wir Erwachsenen nicht mehr ohne weiteres sein. Wir wissen um die Grenzen von Raum und Zeit, weil wir sie schmerzlich erfahren. Und irgendwie hat sich der Mangel mit den Erfahrungen des Lebens verwoben, sogar auch für Menschen, die eigentlich gut mit allem versorgt sind. Dieser trübe Geselle treibt die Menschen immer wieder aus dem Genug gezielt und direkt in das Immer-Mehr hinein. Wer den Mangel nicht wach und bewußt in Schach hält, hat niemals genug, wird zum Nimmersatt.

Statt mit dem Gegebenen zufrieden zu sein, wollen wir Erwachsenen tendenziell immer mehr wissen, haben, können, beherrschen, ausschließen, sein ... Verstand und Hand versetzen uns in die Lage, nach der Welt zu greifen. Geradezu simpel ist es, daß wir aufgrund unserer leiblichen und seelisch-geistigen Konstitution tatsächlich aus Freiheit – und über unsere unmittelbaren Bedürfnisse hinaus – nehmen, verändern, schaffen und besitzen können. Das kann so kein anderes Lebewesen auf Erden!

Und es ist wirklich sehr erstaunlich, was für eine Welt wir Menschen für uns mittlerweile geschaffen haben. Wir haben sehr effiziente Einrichtungen und Maßnahmen entwickelt, mit denen wir uns vor den Naturgewalten sehr weitgehend zu schützen wissen. Auf diese Weise ist es meistens kein Problem mehr, einen kalten Winter bequem und komfortabel zu überleben oder in ansonsten viel zu heißen Wettern nicht zugrunde zu gehen. Wir kennen die Welt und die Gesetzmäßigkeiten des Lebens recht gut, und wir haben gelernt, sie unserem Willen gemäß zu beherrschen. Mit wunderbaren Maschinen können wir unsere körperliche Kraft ins schier Unendliche vervielfachen, den Weltraum bereisen, Lebewesen züchten oder gar – der Möglichkeit nach – die ganze Erde in einer einzigen Explosion auf einen Schlag zerstören. Daß ein Lebewesen wie der Mensch das alles und noch viel, viel mehr in einer erdgeschichtlich vergleichsweise sehr kurzen Zeit tatsächlich gelernt hat und kann, ist zutiefst beeindruckend. Keine Frage. Aber brauchen wir das alles tatsächlich?

Infolge unserer klugen, auf alles ausgesprochen effektiv einwirkenden Lebensart haben wir die gesamte Lebewesenwelt zugleich in existenzbedrohende Krisen geführt. Um das Klima steht es nicht mehr gut. Die Müllberge wachsen und wachsen. Gemeinschaften zerfallen. Böden erodieren. Die Summe des globalen Verbrauchs übersteigt die Möglichkeiten des Ökosystems Erde immer mehr. Die Zahl der Menschen auf Erden wächst ungebremst immer schneller.

Logo des *Club of Rome*

Und vor allem: Wir haben selbst bis dato den Kontakt mit der Wahrheit und Wirklichkeit des Lebens verloren. Spätestens seit den 1970er Jahren, als der Club of Rome sich über die *Grenzen des Wachstums* äußerte, sickert die Erkenntnis, daß nicht für alle Zeiten für alle unendlich viel von allem zur Verfügung steht, langsam ins allgemeine Bewußtsein. Die Verteilung des Begrenzten wird zur wichtigsten Frage der Gerechtigkeit. Und wir müssen endlich lernen, mit unserer Freiheit nicht mehr nur immer mehr haben und sein zu wollen, sondern auch einmal schlicht zu verzichten und loszulassen, denn wir Menschen haben die Welt in Null Komma nichts an den Rand einer ultimativen Katastrophe geführt. Naiv, geradezu toll, wer das nicht längst erkennt! In diese gefährlichste aller Krisen hinein treibt das ganze Ungemach immer tiefer reichende Wurzeln. Und je schlechter es der Mitwelt geht, desto ungeschickter werden wir im Erleben des Lebens an sich!

Versuchen Sie sich genau diesem Erleben jetzt einmal in einem kleinen Experiment zu nähern. Es dauert auch gar nicht lange! Machen Sie es sich richtig bequem. Lehnen Sie sich zurück, entspannen Sie sich, schließen Sie die Augen und lassen Sie innerlich los. Kommen Sie zur Ruhe. Tauchen Sie einfach in das ein, was sich dann ergibt. Verweilen Sie darin für fünf Minuten. Und dann öffnen Sie die Augen wieder, räkeln sich, schauen sich in Ihrer Umgebung um.

Was haben Sie jetzt gerade getan? Was haben Sie erlebt? Die naheliegende Antwort könnte sein: *„Ich habe nichts getan und nichts erlebt!"* Prüfen Sie das bitte für einen Moment: Haben Sie eben tatsächlich nichts getan und nichts erlebt?

Diesem Bereich unseres Lebens und Seins, in den Sie gerade geblickt haben, als Sie „nichts" getan haben, wenden wir uns viel zuwenig zu. Ja, wir beachten ihn kaum. Darum verfügen wir über nur sehr wenige Erfahrungen von dem, was sich uns im vermeintlichen Nichtstun, in der Ruhe, im Passivsein mitteilt. Dabei wäre es ein erster Schritt in die richtige Richtung der selbstgewollten Genügsamkeit, gelegentlich zu erleben, welche Kräfte und Möglichkeiten gerade aus dem Erleben des reinen Lebens hervorgehen. – Diese Übung, die Sie eben gemacht haben, bietet einen ersten, einfachen Zugang zu einem ganz besonderen Selbst- und Welterleben, aus dem heraus wir jenen Kontakt mit der Wahrheit und Wirklichkeit des Lebens wiederherstellen können. Wir werden darin sogar irgendwann in gewisser Weise wieder wie die Kinder.

Reichtum: innerlich und äußerlich

Bezüglich dessen, was wir unter Reichtum verstehen, fallen uns unschwer sowohl innere als auch äußere Werte ein. Jedenfalls solange wir oberflächlich darüber nachdenken, ist das einfach. Zivilisatorisch bedingt stoßen wir aber bald auf ein Prinzip, das den äußeren Reichtum präferiert sein läßt. Die große Überschrift „Wer hat, dem wird gegeben" scheint sich zu bewahrheiten, wenn wir auf die gigantischen Zugewinne blicken, die, wie von Geisterhand bereitet, der Akkumulation der Supervermögen folgen und die zugleich das Elend der sowieso schon Armen immer mehr vergrößern. Mit kluger Hand und einer großen Brise Rücksichtslosigkeit lassen sich – systemkonform – unter günstigen Bedingungen schnell so große Vermögen aufbauen, daß sich deren Eigner tatsächlich scheinbar alles erlauben können. Dieses Resultat trägt die ganze Ironie der Logik des Kapitalismus in sich: „Alles erlauben", voller Genuß und Erbarmungslosigkeit!

Wenn vom „Fleiß" gesprochen wird, ist das meistens positiv gemeint. Zielstrebigkeit, Ehrgeiz und Ausdauer sind zugeordnete Eigenschaften, die fleißigen Menschen zu eigen sind. Demgegenüber kommt die Muße schlecht weg. Sie findet für das vorherrschende Verständnis ihren Platz lediglich in den Resten an Zeit, die beim Erwirtschaften „positiver Leistungen" übriggeblieben sind. Wenn man bedenkt, daß wir Menschen der westlichen Welt lebensdurchschnittlich (eingerechnet bereits die per se von jeder Erwerbstätigkeit freien Zeiten von Kindheit, Jugend und Alter) über nur drei Stunden freier Zeit pro Tag verfügen, entspricht das im Ergebnis einer erbärmlichen Bilanz.

Wofür leben wir? Im Sinne der Kultur der frühindustrialisierten Länder um der Erwerbsarbeit willen! Unsere Ausbildung ist darauf ausgerichtet, diesbezüglich erfolgreich zu sein. Die Jahre der Berentung gelten als wohlverdiente Ruhephase am Ende einer Biographie, sozusagen als Bonus auf die hart erbrachten Leistungen in früheren Jahren. Merkwürdig, daß so viele genau damit so unzufrieden sind und sich, von Einzelfällen abgesehen, daran trotzdem kaum etwas ändert. Wie auch? Unsere Existenz ist in unserem Wirtschaftssystem immer von den Leistungen anderer abhängig. Da diese Leistungen nur gegen Bezahlung verfügbar werden und weil wir das für die Bezahlung benötigte Geld nur als Lohn für erbrachte Arbeit erhalten, besteht der dauernde Zwang zum Erhalt des augenblicklich aktuell wirksamen Systems. Wofür leben wir? So gesehen für den dauernden Konsum (von irgend etwas)!

Tatsächlich nehmen sich nur sehr, sehr wenige Menschen regelmäßig Zeit für den Blick nach innen. Momente der Muße, also die *negative* Leistung, kommen in unserer Art zu leben so gut wie gar nicht mehr vor. Sie stehen nämlich schon seit langem in außerordentlich schlechtem Ruf. Für alles andere haben wir begeistert Deutungen und Vorbilder kreiert, hinter deren vereinseitigter Wirklichkeit wir die lebendige Wahrheit nicht mehr erleben – was als die schlimmste aller Krisen bezeichnet werden kann, denn wir sehen die Welt deshalb nicht mehr, wie sie wirklich ist, sondern nur den einen Teil, der sich am dauernden Schaffen und Mehren orientiert. Diese einseitige Sichtweise erfaßt zwar die Wirklichkeiten positiver Leistungen, die nicht zu leugnen sind; aber die ganze *Wahrheit*, zu der eben auch die negativen Leistungen, die Muße, die Reflexion gehören, ist darin kaum noch zu finden.

Die Leistung eines Herzens erscheint im Strom des Blutes durch den Leib. Stahl verformt sich unter dem plazierten Schlag. Daß wir darin den Einstrom des Blutes und die Phase der Ruhe in der Diastole ebensowenig berücksichtigen wie den Aufschwung des Hammers vor dem nächsten Schlag, wirkt exemplarisch: In dem, wie wir handeln, bzw. in dem, wie wir zu handeln gezwungen sind, sehen wir die Wirklichkeit. Darin kann eine sinnvolle Leistung nur positiv sein, indem sie Vorhandenes stets mehrt oder vergrößert. Ruhe und Entspannung degenerieren in einer solchen Weltsicht schnell zum überflüssigen vermeintlichen Nichts. Diese *Abwertung negativer Leistungen* haben wir Menschen derart verinnerlicht, daß wir in einer weitgehend unbewußten Reaktion jede Entspannung und Erleichterung unseres Lebens dafür nutzen, um nur noch mehr zu leisten, zu besitzen und zu verbrauchen. Und indem wir den eigentlich überwundenen Grad der Belastung nach einer Erleichterung und Entspannung wiederherstellen, lösen wir einen der für unser aller Überleben gefährlichsten Effekte aus.

Innovationen und Rebound

Wenn wir uns dafür entschieden haben, für das gute Leben in einer enkeltauglichen Welt handeln zu wollen, bedeutet das gegenwärtig nicht weniger, als daß wir in vielen Lebensbereichen gegen uns selbst anzutreten haben. Die Welt zerstört sich schließlich nicht selbst; das wurde und wird durch Menschen gemacht! Wir sind es, die mit dem Leben aller Arten spielen, indem wir unsere besonderen Möglichkeiten so wenig zu beherrschen in der Lage sind, daß unsere Form der Lebensführung im Ergebnis schließlich für alle und alles höchst gefährlich ist. Zwei Beispiele mögen verdeutlichen, warum.

Nehmen wir an, es wäre ein Garten zu bestellen. Mit den vorhandenen Fähigkeiten und Geräten wird das eine gewisse Zeit dauern. Im Laufe der Jahre werden Erfahrungen gemacht, die die Fähigkeiten steigern. Ebenso wird möglicherweise der Bestand an Geräten erweitert, vielleicht kommen auch Maschinen hinzu. Im Ergebnis wird die Bestellung des Gartens mit immer weniger Aufwand an Kraft und Zeit erfolgen. Man spricht diesbezüglich von der *Zunahme an Effizienz*.

Das gleiche ereignet sich auch im großen Maßstab. Industriebetriebe funktionieren heutzutage um ein Vielfaches effizienter als noch vor wenigen Jahren. Um ein industriell gefertigtes Produkt herzustellen, wird weitaus weniger Kraft und Zeit benötigt. In China z.B. ersetzen in einer Fabrik zur Fertigung von Spülbecken neun Roboter inzwischen 350 menschliche Arbeitskräfte. Und wozu führt die Effizienzsteigerung in den Gärten und Fabriken? Eben nicht zur Zunahme genußvoll gestalteter Freizeit, sondern zur Zunahme des Konsums. Mit weniger Aufwand kann im Garten mehr angebaut und in den Fabriken mehr hergestellt werden. Der gewonnene Freiraum wird sogleich für *Wachstum* genutzt.

William Stanley Jevons
(1835 – 1882)

Joseph Schumpeter

Dieses Phänomen wurde Mitte des 19. Jahrhunderts von William Stanley Jevons erstmals „Rebound-Effekt" genannt. Der englische Ökonom beschäftigte sich damals mit dem Verbrauch an Kohle, die in den Fabriken der Frühzeit der Industrialisierung zur Befeuerung der Maschinen benötigt wurde. Die Aufmerksamkeit der Ingenieure richtete sich damals darauf, mit besseren Hochöfen produzieren zu können, die mit weniger Kohle die gleiche Hitze lieferten. Der Meinung, daß dann letztlich günstigere Produkte sparsamer produziert werden könnten, hielt Jevons die Vermutung entgegen, daß dann mehr Produkte nachgefragt würden – was im Endeffekt zu einem Mehrverbrauch an Kohle führt. Und genauso kam es auch!

Wenn sich etwas in der Arbeitswelt grundlegend im Sinne einer Optimierung verändert, spricht man von einer Innovation (von lat. *innovare,* erneuern). Der Ökonom Joseph Schumpeter berücksichtigte in seiner Theorie von den Innovationen bereits zu Beginn des 20. Jahrhunderts, daß Wirtschaft und Gesellschaft sich wandeln, wenn die Faktoren der Produktion durch Erfindergeist optimiert werden. Dem liegt allerdings eine Kreativität zugrunde, die nur die Richtung gesteigerten Wachstums kennt. Aber das entspringt einer kulturbedingten Vereinseitigung. Die Ausrichtung der Kreativität könnte auch anderes ins Visier nehmen und der erreichte Fortschritt ergo auch zu anderen Zielen führen:

„Westliche Kulturen betonen traditionell eher den aktiv schaffenden Aspekt von Kreativität im Sinne des lateinischen creare, das schaffen, erzeugen und gestalten bedeutet. Im alten Ägypten und in östlichen Kulturen erscheint demgegenüber Kreativität als Einfügen in einen natürlichen Wachstumsprozeß, der in der zweiten sprachlichen Wurzel von Kreativität anklingt: crescere (werden, geschehen, wachsen-lassen)." (Hermann Lang: Psyche. Heft 3, 2006)

Stünden wir Menschen uns da nicht quasi selbst im Weg ...

Der Rebound-Effekt im menschlichen Verhalten ist indessen bis auf den heutigen Tag immer der gleiche geblieben. Im Ergebnis scheint verrückt, wozu wir Menschen wider jede Vernunft neigen. Ursächlich handelt es sich beim Zustandekommen des mysteriösen Verhaltens einerseits um Routinen, die wir, kulturell bedingt, ausgebildet haben, zum anderen um ein typisches Verhalten, das uns als Lebewesen in Fleisch und Blut übergegangen ist: Wenn irgend etwas besser, schneller oder leichter zu erledigen ist, wollen wir davon sogleich viel mehr. Wer sich vorgenommen hat, an einem Tag 2000 Meter hoch auf einen Berg zu wandern, wird, mit besserer Ausrüstung, statt dessen 3000 Meter hoch steigen. Oder: Spritsparende Autos veranlassen dazu, mehr Kilometer zu fahren. Preiswert produzierte Kleidung verkürzt Modezyklen. Geringere Kosten für den Bezug von Energie werden durch Konsum in anderen Bereichen neutralisiert. Sonderangebote verleiten, außerhalb vom tatsächlichen Bedarf, zu Mengenkäufen usw.

Das hat unsere Lebensverhältnisse tiefgreifend verändert. Wir haben und horten zuviel. In einem durchschnittlichen Haushalt beläuft sich der Wert der Abschreibung auf die Gegenstände des Vermögens schon mal auf über 20 Prozent des zur Verfügung stehenden Haushaltseinkommens, worüber aber nur die allerwenigsten nachdenken. Umfaßte das Vermögen eines normalen Haushalts am Beginn des 19. Jahrhunderts noch 400 Gegenstände, sind es heutzutage bereits 10.000. Wozu haben und horten wir eigentlich diesen ganzen Krempel, der sich in Schränken, Koffern, Kisten und Kellern staut? Vielleicht nur, um uns stets vor Augen zu führen, wie günstig der ganze Überfluß zu haben war?!

Komposition versus Organisation (Verbundenheit und Separation)

Versuchen wir nun einmal, uns den Wirklichkeiten unseres gegenwärtigen Lebens von einer sehr elementaren Betrachtung aus zu nähern. Bestimmte Einrichtungen sind für unser Leben so wichtig und unverzichtbar, daß sie (in Deutschland z.B.) einem jeden Menschen grundsätzlich zuerkannt werden. Das bedeutet, daß die Gemeinschaft aller dort durch die Bereitstellung von Transferleistungen einspringt, wo ein einzelner Mensch selbst nicht in der Lage ist, für ebendiese Einrichtungen in seinem Leben zu sorgen. Bis in gesetzliche Regelungen hinein ist für unser Rechtsverständnis festgeschrieben, daß wir davon überzeugt sind, daß nur unter der Voraussetzung einer gewissen Grundausstattung ein würdiges Leben möglich ist. Von dieser Grundausstattung wähle ich jetzt einmal als Beispiele:

Waschmaschine, TV und PC, Automobilität (dazu rechne ich auch den ÖPNV), Gelegenheiten für den Konsum (Fachgeschäfte und Discounter für den täglichen Bedarf), Telefon (inkl. Mobiltelefon und Internet), Küchengeräte (Maschinen wie Elektroherd, Mixer, Wasserkocher usw.), hygienische Sanitäreinrichtungen, Wasser (Zu- und Ableitungen).

Jetzt stellen wir uns eine Situation vor, in der die aus heutiger Sicht notwendigste Grundausstattung um die Hälfte der eben ausgewählten Beispiele reduziert ist. Das sähe dann z.B. so aus:

~~Waschmaschine~~, ~~TV und PC~~, Automobilität, Gelegenheiten für den Konsum, ~~Telefon~~, Küchengeräte, ~~hygienische Sanitäreinrichtungen~~, Wasser

Bitte stellen Sie sich jetzt für einen Moment möglichst plastisch vor, wie Sie unter eben diesen Bedingungen leben würden. Ohne Waschmaschine, ohne TV und Internet, ohne Telefon und ohne Badezimmer mit Toilette. Nicht, daß nur für Stunden oder wenige Tage der Strom ausgefallen wäre, nein, Sie haben diese Einrichtungen des gewohnten, alltäglichen Komforts gar nicht oder nie wieder. Können Sie sich das überhaupt vorstellen? Wie anders wäre Ihr Leben? Abgesehen davon, daß das genau den Lebensbedingungen entspricht, die für die allermeisten Menschen auf Erden auch heutzutage noch gelten, hat meine Großmutter – übrigens eine sehr kultivierte, kluge und liebevolle Frau – in ihren besten Jahren genau so gelebt. Mein Vater kam damals, zu Beginn des 20. Jahrhunderts, zur Welt. Ich selbst bin davon also nur drei Generationen weit entfernt.

Und nun streiche ich auch noch das bislang Übriggebliebene:

~~Waschmaschine~~, ~~TV und PC~~, ~~Automobilität~~, ~~Gelegenheiten für den Konsum~~, ~~Telefon~~, ~~Küchengeräte~~, ~~hygienische Sanitäreinrichtungen~~, ~~Wasser~~

Wenn Sie dieses Bild auf Ihr persönliches Leben übertragen, nähern Sie sich vermutlich apokalyptischen Visionen. Aber ich denke jetzt nicht nur an die Menschen im zerbombten Aleppo, sondern vor allem an die etwa zwei bis drei Milliarden Menschen auf Erden, für die diese Darstellung deren normale Lebensbedingungen veranschaulicht und die jetzt, im 21. Jahrhundert, unter genau den gleichen Bedingungen leben wie die Menschen hierzulande vor nur zweihundert Jahren. Von ihnen trennen mich also sieben Generationen. Eine kanadische Indianerin erklärte mir vergangenes Jahr anschaulich und nachvollziehbar, wie wichtig es ihrem Volk ist, sieben Generationen zurück- und vorauszuschauen, wenn sie in ihrem Leben Wichtiges unternehmen. Verfüge ich über eine ausreichende Sensibilität, es ihr gleichzutun? Waren meine Vorfahren vor zweihundert Jahren etwa kulturlose Barbaren, die in sehr unwürdigen Verhältnissen zu leben hatten? Vegetiert ein großer Teil der Menschengemeinschaft im verarmten Abseits des Weltgeschehens, nur weil sie kein Wasserklosett, keinen Mixer und keine Straßenbahn benutzen? Was unterscheidet uns Menschen innerlich unter den äußerlich sehr verschiedenen Bedingungen unseres Lebens?

Zunächst wird unsere Aufmerksamkeit unter solchen Bedingungen, die von unseren Standards sehr weit entfernt sind, in sehr verschiedene Richtungen gelenkt. Wenn Ihnen die Möglichkeit fehlt, mit einem einzigen kleinen Handgriff den Wasserhahn zu öffnen, werden Sie wissen müssen, wo die nächste Quelle ist, denn sonst verdursten Sie. Fehlt der Supermarkt mit seinen Gemüseregalen, werden Sie ein Beet bestellen und wissen müssen, welche der Pflanzen in Ihrer Umgebung eßbar sind, denn sonst werden Sie verhungern. Zum Kochen brauchen Sie eine Feuerstelle, für das Feuer Holz, zum Zerkleinern des Holzes Werkzeug. Also: Wo in Ihrer Nähe ist die nächste Quelle, die trinkbares Wasser liefert? Wie viele eßbare Pflanzen im Fünf-Kilometer-Umkreis um Ihre Wohnung kennen Sie? Wann haben Sie zuletzt Holz gehackt?

Sie erkennen unschwer, daß sich über die Art und Richtung unserer Aufmerksamkeit auch die Tiefe unserer Verbundenheit mit der Mitwelt verändert. Unter der Voraussetzung von wenig oder überhaupt keiner Technik verschwimmt die Trennung von Mensch und Welt immer mehr. Das liefert die besten Voraussetzungen für einen umsichtigen, nachhaltigen Umgang mit Ressourcen und Bedingungen. Haben Sie im Sommer zuwenig Holz gehackt, wird der folgende Winter lebensgefährlich; haben Sie zuviel gehackt, werden es die kommenden Winter sein. Genügsamkeit wird zu einem unübersehbaren Prinzip des kurz-, mittel- und langfristigen Überlebens! Wenn Sie sich mit jemandem, der etwas weiter entfernt wohnt, über ein wichtiges Anliegen austauschen wollen, werden Sie eine Wanderung unternehmen (Kommunikations- und Verkehrsmittel gibt es nicht) oder warten, bis Sie sich aus anderem

Grund einmal wiedersehen. Kleidung, Werkzeug und Geschirr werden Sie sehr sorgfältig behandeln, weil sie schon allein deswegen so wertvoll sind, weil es keine Fabriken, Baumärkte und Online-Versender für die preiswerte Ersatzbeschaffung gibt. Unter den mutmaßlich gänzlich anderen, „bescheideneren" Voraussetzungen werden Sie sich aufgrund der aktuellen Bedingungen ganz anders als gewohnt verhalten: Sie werden sehr viel „müssen" und ebensoviel weniger „können". Das Leben „macht" etwas mit Ihnen, formt und lenkt Sie, während Ihre Möglichkeiten, auf das Leben direkten Einfluß zu nehmen, sehr beschränkt sind.

Es geht um eine Verbundenheit, die unter bestimmten Voraussetzungen das Überleben sichert. Was das bedeutet, will ich bildhaft beschreiben: Jetzt gerade, in diesem Augenblick, ist es draußen grau und kalt. Der Wind treibt Regen über das wogende Meer. Und gleichzeitig – welch Wunder – zwitschern im Wald hinter dem Haus die Vögel. Sie und ich würden uns anders verhalten. Wir würden den Schutz des Hauses und die Wärme des Ofens aufsuchen (ich habe genau das eben getan), statt im Wald – allem Regen und Wind zum Trotz – zu singen. Ob diese Erfahrung der zwitschernden Vögel im verregneten Wald einem tieferen Empfinden und Nachdenken zugänglich wird, hängt von der Einstellung ab, mit der Sie der Welt und dem Leben begegnen. Es kann in Ihnen „Klick" machen, oder Sie können sich jetzt fragen, ob ich, der Autor dieser Zeilen, vergessen habe, worum es in diesem Kapitel geht. Ich will versuchen, Sie aus dieser Ungewißheit zu erlösen.

Den zwitschernden Vögeln macht das Wetter ganz offensichtlich nichts aus. Sie sind für das Leben ohne Haus und Ofen prädestiniert. Und sie leben darum in einer Verbundenheit mit ihrer Welt, die uns Menschen so jedenfalls nicht ohne weiteres zugänglich ist. Eine der recht bekannten biblischen Gleichnisse handelt davon:

„Darum sage ich euch: Sorget nicht für euer Leben, was ihr essen und trinken werdet, auch nicht für euren Leib, was ihr anziehen werdet. Ist nicht das Leben mehr denn Speise? und der Leib mehr denn die Kleidung? Sehet die Vögel unter dem Himmel an: sie säen nicht, sie ernten nicht, sie sammeln nicht in die Scheunen; und euer himmlischer Vater nährt sie doch. Seid ihr denn nicht viel mehr denn sie?" (Matthäusevangelium, Kapitel 6, Verse 25 und 26)

Man kann derartige Aussagen schnell der Lächerlichkeit preisgeben, wenn man bei den üblichen Einwänden bliebe. Die handeln von einer Menschenwelt, die so ganz anders ist als die der Vögel, vom grundsätzlichen Egoismus der Menschen usw. Aber wie wäre es, wenn wir zum Verständnis den Schlüssel der Verbundenheit anwenden würden? Wir würden z.b. schnell erkennen und bejahen, daß niemand „etwas" überfordern würde, mit dem er sich wirklich verbunden fühlt. Statt dessen finden wir – Menschen der hochtechnisierten Welt des 21. Jahrhunderts – uns in einem Separiertsein wieder, das nicht wirklich mit der Welt und ihren Schönheiten verbunden sein läßt. Genau darum schlagen wir in unser aller Lebensraum immer tiefere Wunden. Wir fühlen nicht mehr, was wir tun. Die Mixer und Waschmaschinen, die Busse und Bahnen, die Supermärkte und Internetshops haben es uns ausgetrieben. Ob unser Leben unter all diesen zivilisatorischen Voraussetzungen *tatsächlich* besser und bequemer geworden ist? Was meinen Sie?

Wahrheit und Wirklichkeit

Bemerkenswert ist, um auf das Beispiel des kindlichen Welterlebens zurückzukommen, von dem zu Beginn dieses Kapitels die Rede war, wie stark Menschen zu Beginn ihres Lebens noch mit der Welt verbunden sind. Alles ist eins, gleichbedeutend und wichtig, ob es um Blumen, Käfer oder Steine geht. Diese Verbundenheit mit der Welt, dieses natürliche Mitwelt-Erleben verflüchtigt sich mit den Jahren. Zwar haben wir Erwachsenen eine mehr oder weniger genaue Kenntnis von den Wirklichkeiten in unserem Lebensraum, aber die eigentliche Verbundenheit mit der Welt, wie sie in Kindheitszeiten noch war, besteht so nicht mehr. Faktisch lösen wir uns mit dem Älterwerden aus der Welt heraus, obwohl wir für unser allgemeines vorherrschendes Verständnis anderes vermuten würden. Wir wollen Kindern den Weg in die Welt und in das Leben ebnen; statt dessen führen wir sie im Heranwachsen geradewegs aus der Tiefenerfahrung ihrer Lebensräume heraus.

Rudolf Steiner hat in einem Zyklus von Vorträgen bereits 1917 auf dieses merkwürdige Phänomen als Signatur der Zukunft hingewiesen (Rudolf Steiner, *Die spirituellen Hintergründe der äußeren Welt*, GA 177, Dornach 1977). Dieses Getrenntsein des Menschen von den Wahrheiten seines Lebens schließt teils großartige Entwicklungen und Erfindungen in der alltäglichen Welt zwar nicht aus, aber das Bewußtsein von den Folgen des Handelns verglimmt zusehends schneller.

Vereinfacht gesprochen bedeutet das, daß wir Menschen in dem merkwürdigen Widerspruch existieren, auf Erden zu leben, ohne darin noch tatsächlich präsent zu sein. Wir sind mit unseren Lebensräumen nicht mehr adäquat verwoben. Wir erfahren Wirklichkeiten, die ohne Wahrheit sind. Zur Verdeutlichung hier ein einfaches Beispiel: Die von irgend jemandem unerwartet an uns gerichtete Frage *„Wie spät ist*

Rudolf Steiner (um 1905)

es jetzt?" ist auf einem Bahnhof inmitten von vielen Menschen nichts Besonderes. Wahrheit und Wirklichkeit erscheinen in einer in sich geschlossenen Erfahrung. Aber bei einer einsamen Wanderung durch einen dichten, in Nebel getauchten Wald ist die gleiche Erfahrung möglicherweise höchst erschreckend. In beiden Fällen ist der Inhalt der Frage einfach zu verstehen; dennoch erleben wir sofort einen Unterschied, der damit zu tun hat, daß wir uns auf dem Bahnhof sofort im klaren darüber sind, daß uns ein anderer Reisender fragte, während wir – allein im Wald – nicht gleich verstehen, daß der Wind in den Bäumen geflüstert hat. Wir deuten unsere Sinneserfahrung im Sinne der gewohnten Nomenklatur. Wer je für eine Weile in der Einsamkeit der Natur verbracht hat, kennt das aus eigener Erfahrung: An die Welt der Technik und Umtriebigkeit gewöhnt, finden wir nur langsam den Zugang zur Natur – und erliegen so mancher grundlosen Seelenregung.

Wenn wir uns jetzt unsere gewohnte Welt vorstellen, uns vor Augen führen, wie bequem und angenehm wir uns darin eingerichtet haben, können wir den Eindruck gewinnen, daß das alles einer dem Leben dienlichen Ordnung entspricht. Damit haben wir etwas erfaßt, was wir durchaus als Wirklichkeit bezeichnen können, denn tatsächlich lebt es sich in der technisierten Umgebung einfacher, sicherer und länger. Aber es ist keine Wahrheit darin, jedenfalls nicht die, die wir vermuten, denn dem Leben dienlich ist die Art unseres Umgangs mit der Welt nicht, sondern geradezu höchst gefährlich und schädlich. Diese Diskrepanz gilt es zu erkennen, und zwar nicht nur im Sinne der ökologischen Relevanz, sondern vor allem auch als Ausdruck der Tatsache, daß wir in unserem Leben immer weniger in der Verbundenheit von Wahrheit und Wirklichkeit leben. De facto finden sich Moral und Intellekt voneinander getrennt.

„Das Rätsel, das ich meine, ist die in der Menschheitsentwickelung vorhandene Diskrepanz zwischen der intellektuellen Entwicklung und der moralischen Entwicklung. (...) Ja, man kann sagen: Gerade dadurch, daß die moralische Entwickelung der Menschen nicht fortgeschritten ist,

hat die intellektuelle Entwickelung eine gewisse unmoralische Signatur angenommen, ist geradezu in vieler Beziehung zu einem Zerstörerischen fortgeschritten. Das bemerken heute schon viele Menschen, daß eine Diskrepanz, eine Disharmonie vorhanden ist zwischen der moralischen und der intellektuellen Entwickelung der Menschen." (Rudolf Steiner, *Die spirituellen Hintergründe der äußeren Welt*, GA 177, Dornach 1977)

Eigentlich ist es simpel, aber dennoch von großer Bedeutung, wenn wir es erkennen und handhaben lernen: *Wir Menschen erfahren stets die Welt und die Tatsachen unseres Lebens auf zweifache Weise.* Im vorangegangenen Unterkapitel habe ich von der Verbundenheit und der Separation geschrieben, in anderen Büchern wählte ich die Begriffe „essentiell" und „existentiell" dafür. Diese beiden Erfahrungsquellen gehören zusammen, bestehen bestenfalls nicht aus einem Entweder-Oder, sondern sind im Sinne eines Sowohl-als-Auch gemeint. Sie markieren den Unterschied zwischen dem, was wir als Wahrheit und Wirklichkeit unterscheiden, sind also grundverschieden und dennoch so miteinander verknüpft wie die Elemente Sauerstoff und Wasserstoff im Wasser.

Wenn es uns gelingt, diese beiden Aspekte des Welterfahrens zu erkennen und zu beachten, wird sich unser Handeln verändern. Wir fragen dann nicht nur pädagogisch, wessen ein heranwachsender Mensch bedarf – statt danach, was ein Kind auf seinem Weg zum Erwachsensein zu lernen hat –, sondern in allen Bereichen und Beziehungen unseres Lebens nach den Bedürfnissen der Welt und den Folgen unseres Handelns. Solche Bemühungen werden behindert oder gar zunichte gemacht, wenn wir einer Lebensweise frönen, die sich von der Auskömmlichkeit und Genügsamkeit entfernt; denn das nimmersatte Streben nach dem Immer-Mehr führt aus der Verbundenheit mit der Welt heraus geradewegs in die gefährlichste Verantwortungslosigkeit hinein. Darin sind die größten Probleme unserer Zeit verankert.

Versorgtsein und Suffizienz

Auskömmlichkeit und Genügsamkeit Prinzipien des Lebens sind, kann sehr einfach verstanden werden, wenn wir uns dafür unserem leiblichen Leben zuwenden. Gesundheit und Wohlbefinden, mithin das Optimum an Leistungsbereitschaft und -kraft, beruhen biologisch nämlich auf dem optimalen Versorgtsein eines Lebewesens. Der Organismus braucht und bekommt gerade so viel, wie ihm guttut. Das darf nicht zuwenig, aber auch nicht zuviel von irgend etwas sein. Medizinisch spricht man diesbezüglich von der Suffizienz. Was damit gemeint ist, ist uns Menschen, übertragen auf unsere Lebens- und Ernährungsgewohnheiten, im Groben klar. Wir kennen die Menge an Flüssigkeit, die unser Körper täglich braucht, wissen von der Bedeutung körperlicher Bewegung und sauberer Luft, wir ernähren uns regelmäßig mit gesunden Speisen usw. Und wir kennen die fatalen Folgen, die durch eine Unter- oder Überversorgung unseres Leibes hervorgerufen werden.

Wenn der Leib eines Lebenswesens im Sinne seiner biologischen Beschaffenheit dauernd optimal versorgt wird, ergibt sich neben dem als Wohlbefinden erfahrenen Optimum zugleich auch eine maximale Lebensdauer. Im Leben bleibt schließlich nichts, wie es ist; alles verändert sich fortwährend und ist darum auch von den sprichwörtlichen Reibungsverlusten betroffen. Das ist pure Physik, so funktioniert die körperlich-stoffliche Welt nun einmal, und wir Menschen sind davon, jedenfalls was unsere Leiber betrifft, auch nicht ausgenommen. Diese Reibungsverluste bezeichnen wir als Alterung, als schrittweisen Verfall eines Organismus im Laufe eines bestimmten Zeitraums. Die optimale, störungsfreie Versorgung eines Leibes vorausgesetzt, bleibt seine Lebensdauer dennoch begrenzt. Nur wenn das Gewöhnliche gravierend verändert wird, kann dem Leben künstlich eine Spanne Zeit hinzugefügt werden. Und es gilt auch, daß die Unterschreitung des Gewohnten die Lebensdauer verkürzt.

Darüber, was unter Suffizienz verstanden werden kann, erfahren wir bis hierher zweierlei: nämlich daß es sich mutmaßlich um ein biologisch vorgegebenes Versorgungsoptimum handelt und daß wir dafür über ein instinktives Wissen verfügen, mit dem wir, aufgrund von zuerst leiblichen Empfindungen, zu beurteilen vermögen, was für uns, andere oder alle zuwenig oder zuviel von irgend etwas ist. Allerdings mißachten wir Menschen die biologische Vorgabe ebenso rücksichtslos, wie wir den uns eigenen Sinn für das Genug unbarmherzig ignorieren. Diese Ist-Situation ist eine Folge der Lebensart, die wir Menschen im Laufe der Zeit für uns entwickelt haben. Mehr und mehr sind wir dazu übergegangen, das Maß des biologisch vorgegebenen Versorgungsoptimums zu überschreiten. Mit den dadurch hervorgerufenen unumkehrbaren Folgen, den vermeintlich positiven und tatsächlich negativen, die auch uns selbst verändern, sehen wir uns heutzutage konfrontiert. Aber das beruht auf einer Geschichte, die bereits vor einigen Jahrtausenden ihren Anfang nahm.

Leben unter gänzlich anderen Vorzeichen

Plakette der Geological Society of London

In der altehrwürdigen Geological Society of London beschäftigen sich Generationen von Wissenschaftlern seit über 200 Jahren mit der Erdgeschichte. Welche Entwicklungen vollzogen sich in Jahrmillionen für unsere Erde, und mit welchen Folgen? Dafür lesen die Wissenschaftler in den Schichten der Sedimentation, die – den Jahresringen der Bäume gleich – entsprechende Rückschlüsse ermöglichen. Im Jahr 2008 befand die stratigraphische Kommission der Gesellschaft, daß das Holozän, das zwischeneiszeitliche Zeitalter, endgültig an sein Ende gelangt sei. Für die sich nun abzeichnenden Entwicklungen konnten sie in den zurückliegenden Jahrmillionen keine Entsprechungen mehr finden; was geschieht, ist absolut neu. Beunruhigt erkannten die Forscher, daß die von Menschen bewirkten landschaftlichen Veränderungen die natürlichen Prozesse der Sedimentierung übertreffen, Artensterben und Artenwanderungen bislang ungekannte Ausmaße angenommen haben und der offensichtlich menschengemachte Klimawandel unaufhaltsam fortschreitet. Die biostratigraphischen Signale sind unmißverständlich: Die Auswirkungen menschlichen Lebens sind für die ganze Lebewesenwelt bleibende; die zukünftige Entwicklung von allen und allem wird darauf ausgerichtet sein. Der Mensch ist zur geologischen Größe avanciert!

Wir befinden uns am Ende einer Entwicklung, die zur weitreichenden Emanzipation des Menschen von den natürlichen, mitweltlichen Zusammenhängen führte, in denen unsere Entwicklung einst begann. Wir haben für uns eine eigene Welt geschaffen, in der besondere Regeln gelten, unter deren Anwendung sich die ganze Mitwelt bis in die Grundfesten hinein verändert. Und: Verglichen mit den natürlichen geologischen Entwicklungszyklen ging das alles sehr schnell.

In der frühen Phase der Entwicklung menschlicher Zivilisation waren nach dem Ende der letzten Eiszeit mit Ausnahme der Antarktis schon bald alle Kontinente besiedelt. Und auch die ozeanische Inselwelt war schließlich zu einem Teil der menschlichen Zivilisation geworden, als vor 800 Jahren schließlich auch die Besiedlung Neuseelands abgeschlossen war. Von da an dauerte es nur 600 weitere Jahre, bis die ursprüngliche Subsistenzwirtschaft (von lateinisch *subsistentia,* „Bestand", „durch sich selbst", „Selbständigkeit") fast vollständig vernichtet und die Folgen der Weltwirtschaft über den gesamten Globus verbreitet waren. Man hatte eine „Megamaschine" geschaffen, in deren Takt fortan vom Menschen alles unterworfen wurde, dessen er habhaft werden konnte.

In unserer Menschenwelt bewirkt Technik vermeintliche Wunder. Im Laufe der Zeit hat sie uns Menschen für die ganze Welt zur unumgänglichen Größe werden lassen. Zurückblickend realisieren wir in allen Lebensbereichen, wie Natur unterworfen und dienstbar gemacht wurde. Als ein Resultat ist jetzt tatsächlich für sehr viele Menschen für eine gewisse Zeit von allem mehr als genug da. Dabei waren die von Menschen außerhalb der Natur geschaffenen und betriebenen Produktions- und Versorgungsysteme den Naturvölkern noch gänzlich unbekannt.

Sind wir denn mittlerweile tatsächlich so reich geworden, wie wir es so gerne glauben? Der US-amerikanische Anthropologe Marshall Sahlins hob einmal hervor, daß die Menschen früherer Zeiten besonders deshalb reich waren, „weil sie alles hatten, was sie wollten – weil sie nichts wollten, was sie nicht hatten". Treffender kann man die Diskrepanz zur aufgeblähten Konsumwelt der Gegenwart nicht ausdrücken!

Es hat sich tatsächlich schier Unglaubliches getan, seit sich die Vergletscherungen der Oberfläche der Erde von einem Drittel wieder auf ein gutes Zehntel zurückgezogen hatten. Eine Landbrücke über die heutige Beringstraße ermöglichte vorher den Austausch von Fauna und Flora zwischen Nordasien und Nordamerika, bevor der Meeresspiegel wieder um 120 Meter anstieg. Die atmosphärische Konzentration der Treibhausgase Kohlendioxid und Methan betrug damals nur die Hälfte des vorindustriellen Wertes. Während aufgrund der Korrelation von zunehmender Sonneneinstrahlung und dadurch bedingter Erderwärmung die Konzentration der Treibhausgase auf natürliche Weise zunahm, wurde der Vorgang mit dem Beginn des industriellen Zeitalters durch Menschenhand zusätzlich dramatisch verstärkt. Wissenschaftler sind sich mittlerweile darin einig, daß der Einfluß der natürlichen Erwärmung der Erde durch Sonneneinstrahlung für die gegenwärtigen Entwicklungen des Klimawandels nur eine untergeordnete Rolle spielt.

Als es mit dem Ende der Eiszeit auf Erden wieder wärmer wurde, verloren viele Arten ihre angestammten Lebensräume. Nicht allen gelang die Anpassung, viele starben aus. Die Vorfahren des modernen Menschen wanderten damals aus Afrika in die Regionen des heutigen Europa ein, womit die Geschichte des „Homo sapiens sapiens" im eigentlichen Sinne begann. Was dann folgte, ist facetten- und folgenreich. Im zweiten Buchteil werden einige Beispiele folgen, die ich ausgewählt habe, um über die gegenwärtigen Folgen hinaus auch den einen oder anderen Blick in eine mögliche Zukunft zu tun.

Die Veränderungen der Welt und die Lebenserwartung

Jedes leibliche Leben hat einen befruchteten Samen zur Voraussetzung. Ein Möhrensamen ist ein sehr kleines Ding. Vielleicht haben Sie schon einmal einen in der Hand gehabt und sogar ausgesät. Danach konnten Sie das zarte Keimen beobachten, das von Tag zu Tag fortschreitende Wachstum des zauseligen Grüns der Blätter. Irgendwann läßt sich ahnen, daß im Dunkel der Erde die Rübe heranwächst, die schließlich geerntet und verzehrt werden kann. Das ist alles ganz selbstverständlich und dennoch in höchstem Maße erstaunlich! Denn woher weiß das winzig kleine Samenkörnchen, daß es Möhre werden soll? Die befruchtete Eizelle, aus der ein Menschenleib heranwächst, ist noch viel kleiner als ein Möhrensamen. Und auch hier stellt sich die simple Frage: Woher weiß die Eizelle, daß sie zu einem Menschenleib werden soll? Um den jeweils typischen Werdeprozeß in seinen Etappen und in seiner Vollendung erforschen und ansatzweise verstehen zu können, beschäftigen wir uns, vereinfacht gesprochen, immer mit drei typischen Bereichen des Lebens, zu denen jeweils zwei Einflußebenen gehören.

Für den Beginn des leiblichen Lebens sind es in einem ersten Bereich die *Informationen*, die wir im Sinne der ihnen zugeordneten beiden Einflußebenen z.B. als DNA und als Bewußtsein erkennen. Um diese Informationen erforschen zu können, bedienen wir uns besonderer Apparate und Instrumente, denn für die Wahrnehmung dieser Informationen haben wir keinen (leiblichen) Sinn. Die entsprechenden Informationen, an deren Existenz und Wirkung wir heutzutage keinen Zweifel mehr haben, sind also insofern tatsächlich übersinnlicher Natur. – Wir wissen zweitens, daß jede Entwicklung von der Umgebung beeinflußt wird, in der sie sich ereignet. Für diesen Bereich der *Interaktionen* können wir bezüglich der Entwicklung eines Lebewesens z.b. von Genetik und Epigenese als Ebenen des Einflusses sprechen. – Und drittens nehmen wir im Bereich der *Transaktionen* schließlich die in gewisser Weise physisch vollendete Gestalt eines Wesens wahr und erfahren ihre konkrete Wirkung. Vom Bereich der Informationen ausgehend über das Werden in Interaktionen mit der Mitwelt führt die Entwicklung eines Wesens zu Transaktionen, die in Erscheinung und Wirkung ihren Ausdruck finden.

Der heutige Mensch, der Homo sapiens sapiens, hat sich in den Ereignissen der Evolution etwa 30.000 Jahre vor unserer Zeit durchgesetzt. Aus unerklärlichen Gründen verschwand der Neandertaler damals von der Bildfläche, und jener Zweig, aus dem zuletzt auch wir Heutigen hervorgegangen sind, trug die Entwicklung des Menschen durch die folgenden Jahrtausende hindurch. An der grundsätzlichen biologischen Vorgabe hat sich seither prinzipiell nichts wesentlich verändert. Wir erkennen jedes Wesen unserer Art immer noch eindeutig als Abkömmling einer ganz bestimmten Linie der Evolution. Und doch hat sich vieles getan, was nicht ohne Folgen bleiben konnte. Wir sind heute trotz der genetisch einwandfreien Zugehörigkeit irgendwie andere Menschen, als es unsere Vorfahren vor Jahrzehntausenden noch waren. Die konstruktiven Vorgaben bezüglich der DNA, der Genetik und der physischen Erscheinung fanden und finden sich fortwährend dynamisch ergänzt durch die Entwicklungen von Bewußtsein, Epigenese und Wirkungen. Zur im strengen Sinne vorgegebenen einen Hälfte unseres Menschseins kommt eine zweite hinzu, mit der sich unsere besonderen menschlichen Möglichkeiten zu freiem Handeln verbinden. Daraus resultiert letztlich, daß wir Menschen uns heutzutage in unserer Mitwelt sogar als geologische Größe verstehen. Unser Tun und Lassen führt nämlich zu irreversiblen Veränderungen der gesamten Lebewesenwelt. Um dieser inzwischen erreichten Bedeutung des Menschen für die Gesamtevolution Ausdruck zu verleihen, wurde vor noch gar nicht so langer Zeit der Begriff Anthropozän geprägt. Diese Bezeichnung erscheint am Ende einer Entwicklung, die sich besonders in den Jahrtausenden seit der letzten Eiszeit bis zum 20. Jahrhundert ereignet hat.

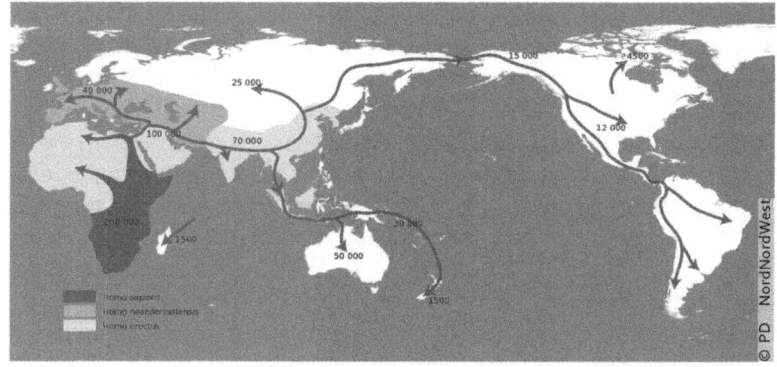

Ausbreitung des modernen Menschen von Ostafrika ausgehend. Die vorausgehenden Besiedelungen durch den Homo erectus (hellgrau) und den Neandertaler (dunkelgrau) sind farblich abgegrenzt; die Zahlen stehen für Jahre vor heute.

Damals, etwa 15.000 Jahre vor Beginn unserer Zeitrechnung, begannen die früher nomadisierenden und nun seßhaft gewordenen Jäger und Sammler mit dem Anbau benötigter Nahrung. Mit den entstehenden Siedlungen kam es zugleich zur Ausbildung erster Formen der von Technik getragenen Kulturen. Die neolithische Revolution veränderte vieles. Infolge der Entwicklungen von Technik und Wissenschaft, von Werten, Normen und der Strukturen des Zusammenlebens verbesserten sich Schritt für Schritt die Lebensbedingungen der Menschen. Dies hatte auch Folgen für die mutmaßlich maximale Dauer eines menschlichen Lebens. Vielleicht war es zu einer Zeit, in der diese maximale Dauer mit 70 bis 80 Jahren angegeben wurde, als die menschliche Zivilisation in den allerersten Anfängen das ökologisch noch vertretbare Genug an Einflußnahme auf die Mitwelt zu ignorieren begann. Es war jene Zeit, in der die Vorstellungen von einer jenseitigen Welt zu hierarchischen wurden und die Menschen erstmals für sich das Recht proklamierten, sich die Erde untertan machen zu dürfen bzw. sogar – dem „Willen Gottes" folgend – zu müssen. In den Theologien der verschiedenen Religionen wurde dieser neue Herrschaftsanspruch verklärt, indem er als gottgewollt deklariert wurde und man die sich bildenden, auf Entfaltung einseitiger Macht gegründeten Strukturen der Menschenwelt auf das Reich der Göttinnen und Götter übertrug.

Auch wenn die bis dahin entwickelten menschlichen Leiber bei Wahrung der Nachhaltigkeit eine biologisch vorgegebene maximale Lebensdauer von 70 bis 80 Jahren denkbar werden ließen, bedeutete das noch lange nicht, daß die tatsächliche Lebenserwartung eines

Individuums der möglichen Dauer auch entsprach. Der Prozeß der Annäherung von Erwartung an mögliche Dauer begann damals erst und ist erst heute bis zu einem gewissen Grad als vollendet zu betrachten. Tatsächlich können die Menschen in den hochtechnisierten und hochindustrialisierten Ländern gegenwärtig von einer sich erfüllenden 80jährigen Lebenserwartung ausgehen. Das hat seinen Grund in den Veränderungen der Welt, die vom Menschen vorgenommen wurden, die ihm schlicht das alltägliche Leben erleichtern und seine Kräfte schonen. Die Geschwindigkeit des Verschleißes wurde durch bequemere Lebensweisen verlangsamt. Ein menschliches Leben währt dadurch immer länger – statistisch betrachtet gegenwärtig in jedem Jahrzehnt um zwei weitere Jahre. Aber um welchen Preis?

Mit der zunehmenden Lebenserwartung stieg zugleich auch die Zahl der menschlichen Erdbevölkerung. Waren es 15.000 Jahre vor Beginn unserer Zeitrechnung noch vier bis acht Millionen, bevölkerten zur Zeit Christi bereits 250 Millionen Menschen die Erde. Diese Zahl vervierfachte sich bis zum Beginn des 19. Jahrhunderts auf eine Milliarde und nahm in den dann folgenden nur noch zweihundert Jahren bis heute auf über sieben Milliarden Menschen zu. Neben dem exponentiellen Wachstum unserer Population wuchs korrelierend der Einfluß, den der Mensch auf seine Mitwelt nimmt, in ähnlich überraschendem und erschreckendem Ausmaß. Niemand weiß bis heute genau, wie viele Menschen, der Zahl und der Lebensart nach, die Erde überhaupt (noch) verträgt.

Im Anthropozän

Es fällt uns Menschen nicht ganz leicht, uns wirklich vorzustellen, was sich außerhalb der Gegenwart alles ereignet hat bzw. was sich noch ereignen wird. Unser Alltagsbewußtsein taugt (dummerweise) zu nicht sehr viel mehr als zum Erfassen der augenblicklichen Wirklichkeit. Wir wissen zwar einiges von früheren Zeiten, aber tatsächlich erleben wir sie zurückblickend nur sehr eingeschränkt. So fern wie vergangene Zeiten ist unserem Erleben auch die Zukunft.

Die Begrenztheit unseres Vorstellungsvermögens wird schnell klar. Fragen Sie sich doch jetzt einmal selbst: Wie war das Lebensgefühl eines Menschen im Mittelalter, z.B. angesichts der Tatsache, daß sein Überleben ständig von todbringenden Seuchen bedroht war, gegen die es noch keine wirksamen Maßnahmen der Prävention, Medikamente und Therapien gab? Inwiefern wird demgegenüber unser Lebensgefühl dadurch geprägt, daß wir heutzutage nahezu alle gefährlichen Krankheiten kennen und bereits ein Gutteil davon medizinisch beherrschen? Wie anders wird das Lebensgefühl der Menschen der Zukunft wohl sein, wenn ihre Leiber jederzeit, bis in die feinsten Ebenen hinein, nicht nur manipuliert, sondern sogar auch komplett gezüchtet werden können?

Wir Menschen sind, bleiben und werden nicht nur, was sich im Sinne der biologischen Vorgabe als Leib und Existenz auf natürliche Weise entfaltet. Es kommt schon sehr lange etwas typisch Menschliches hinzu, über das wir in voller Freiheit ohne besondere Rücksicht auf unsere Mitwelt scheinbar immer besser verfügen. Wir verändern die Welt, aber unvermeidbar verändern wir darin auch uns. Auch an uns selbst, also nicht nur an der Welt, erscheinen die Folgen unserer Taten. Daran besteht kein Zweifel mehr. Aber zur wirklich vernünftigen Abschätzung der Folgen gehört, was wir ohne besondere Aufmerksamkeit und Übung einfach nicht gut genug beherrschen: nämlich das Erleben von dem, was war und was einst sein wird. Zur Ausbildung dieser Bewußtseinsqualität sind wir zwar geeignet, aber sie fällt uns nicht einfach zu. Infolgedessen erschaffen wir eine Welt, die gegenwärtig vielleicht komfortabel ist, aber nicht von historischem Bewußtsein und von Verantwortung für die Zukunft getragen ist. Diese Art der Rück- und Vorsicht tritt hinter Profitgier und Machbarkeitswahn zurück. Dadurch wird unsere Epoche geprägt.

Paul Jozef Crutzen

Der niederländische Meteorologe Paul Jozef Crutzen, 1995 mit dem Nobelpreis für Chemie ausgezeichnet, veröffentlichte im Jahr 2000 einen Artikel, in dem er den Begriff Anthropozän (von altgriechisch ἄνθρωπος, *ánthropos*, Mensch, und καινός, *„kairos*, neu) zur Bezeichnung jener neuen geochronologischen Epoche vorstellte, als deren Beginn die Gegenwart verstanden werden kann. Es sind herausragende Ereignisse, die den Beginn des neuen Zeitalters markieren. Und es ist auch eine bisher unbekannte Geistesart, die an ihnen zutage tritt.

Als es am 16. Juli 1945 soweit war, daß die erste der drei Atombomben des Manhattan-Projekts in der Wüste von Nevada gezündet wer-

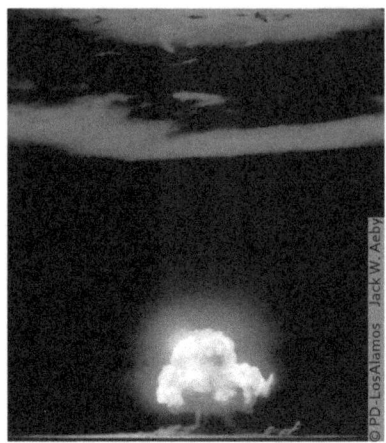

Erster Atombombentest „Trinity" 1945

den sollte, konnten die Folgen vorher lediglich nur berechnet werden. Es gab noch keinerlei praktische Erfahrung mit den Folgen der Entfesselung einer so gewaltigen Sprengkraft. Eine Gruppe der mit der Berechnung betrauten Wissenschaftler kam damals zu dem Ergebnis, daß die Atmosphäre der Erde vernichtet werden könnte. Trotzdem wagte man die Zündung! In den folgenden Jahrzehnten wurden dann nach und nach so viele Nuklearsprengköpfe gebaut, daß man – nun sogar durch Praxiserfahrungen abgesichert – von einem mehrfachen Overkill, also der mehrfachen Vernichtung der ganzen Erde, zu sprechen begann.

Die Zündung der ersten Atombombe steht für manche Forscher für den Beginn des Anthropozäns, andere schlagen das Jahr 1800 dafür vor, weil es für den Beginn der Industrialisierung steht. Vielleicht markieren auch der Beginn des Internetzeitalters oder die Entschlüsselung des menschlichen Genoms die unumkehrbare Wende. Klar ist jedenfalls, daß wir Menschen zwar handeln und unsere technischen Möglichkeiten in immer größerer Geschwindigkeit perfektionieren, aber um das tatsächliche Wissen um mögliche Folgen zuallermeist verlegen sind. Wir tun, was wir können, statt zu lassen, wovon wir zuwenig wissen. Mit unserer Zivilisation haben wir die Evolution mittlerweile überholt. Man kann sagen, daß die Rücksichtslosigkeit des Menschen in ihr nicht vorgesehen war. Im Anthropozän stellt sich schließlich die Frage: Inwiefern kann die menschliche Wirtschaft überhaupt noch natürlich, also ökologisch und sozial sinnvoll sein?

Durch natürlichen Bedarf wird in einem intakten Ökosystem immer jene Überfülle begrenzt, zu deren Produktion ein jedes Lebewesen zugunsten seiner Mitwesen veranlagt ist: Möglichst viele Nachkommen sichern in der Nahrungskette das Überleben der eigenen Art. Es wird eben normalerweise nie alles gefressen. Etwas überlebt – und stellt das Überdauern sicher. Ein solcher natürlicher Gewinn, also die erforderliche, arterhaltende Überfülle, ist deshalb nicht nur nicht problematisch, sondern notwendig.

In unserer Art des Wirtschaftens haben wir dieses natürliche Maß – aus welchen Gründen und aufgrund welcher Einflüsse auch immer – überschritten. Entwicklungsgeschichtlich begann es damit, daß nicht mehr nomadisierende Menschen damit beginnen konnten, Besitz zu horten und zu lagern. Weil sie damit aufgehört hatten, zu wandern, mußten die Menschen ihren Besitz auch nicht mehr dauernd transportieren. Sie konnten seitdem mehr haben, als sie tragen konnten – und das war bald sehr viel mehr, als sie eigentlich zum Erhalt ihres Lebens brauchten.

Vorausschau ist nötig und möglich

Die Welt, in der wir heute leben, ist für sehr viele von uns sehr gut und gemütlich. Weil sie unserer Lebensart entsprechend so gut funktioniert, gilt sie als wahres Meisterstück menschlicher Kultur. Das in aller Deutlichkeit zu erkennen ist trotz aller Besorgnis natürlich sehr wichtig. Wollten wir uns nur in dem ergehen, was uns als unabänderlich schlimme Folgen menschlichen Weltgestaltens entgegentritt, erlägen wir einer Einseitigkeit. Wir würden nicht erkennen, wie wesentlich und wichtig die technisierte, durchgestaltete Welt für unser Überleben tatsächlich ist. Aber das Leben im Anthropozän erfordert Aufmerksamkeit und liefert vielfach Gründe zu ernster Sorge, eben weil wir Menschen im Schaffen von Mehrwerten das natürliche Maß vergessen haben. Wir werden sogar – systembedingt – permanent dazu gezwungen, Wachstum über die Grenzen des Verträglichen hinaus zu betreiben.

Durch diese Veränderung angestoßen begann sich zu entwickeln, was ich die „Forderungskultur" nenne. In ihr wird nicht genügsam *entgegengenommen* und *gepflegt*, was dem Lebenserhalt dienlich ist, sondern es wird möglichst viel gefordert, wobei sich das (offene) Maß dafür von einem tatsächlich nachvollziehbaren, durch das Leben vorgegebenen Bedarf mittlerweile weit entfernt hat. Es geht schlußendlich nur noch um den möglichst großen Besitz an sich. Vor allem durch das Geldsystem mit seinen Eigenschaften von Zins und Zinseszins begünstigt, ist die Forderungskultur vorherrschend geworden. Im Anthropozän ereignen sich unter den Menschen selbst nur noch sehr wenige Wirtschaftsvorgänge, die davon unberührt geblieben sind. Und auch in unserer Mitwelt suchen wir Menschen – den Systemgewalten der Forderungskultur folgend – ständig nach Gelegenheiten zur Produktion von Mehrwerten, die Gewinne verheißen, die mit unseren natürlichen Bedürfnissen nichts mehr zu tun haben. Nicht nur die Welt ist eine andere geworden, sondern auch der Mensch wird von den Kräften erfaßt, die er selbst entfesselt hat. Denn wie sollte es sonst zu erklären sein, daß wir von unserem natürlichen leiblichen Gefühl für das Genug inzwischen derart getrennt sind, daß wir die Maßlosigkeit in unserem Umgang mit der Welt als solche gar nicht mehr leicht erkennen?

Der Sinn für das Genug ist nicht nur für eine subjektive Erfahrung der Welt von Bedeutung, sondern auch bezüglich ganz objektiver Erkenntnisse, die uns heutzutage diesbezüglich zur Verfügung stehen. Der Umfang geeigneter Böden für landwirtschaftliche Nutzungen (also für den Anbau von Nahrung!) ist begrenzt, ebenso wie die Ressourcen, auf die unsere Industrien auf Gedeih und Verderb angewiesen sind. Wasser „vergißt" nichts, weshalb alle in den Weltmeeren verklappten Abfälle irgendwann unweigerlich auf die Eßtische gelangen. Das alles wissen wir heutzutage – wir müssen es *nur* in unserem Handeln berücksichtigen. Darin sind wir alle – immer – gefordert. Es ist keine Augenwischerei, sondern von größter Bedeutung, wenn Menschen aus ökologischer Verantwortlichkeit damit beginnen, ihren ganz persönlichen Lebensstil zu verändern. Das entspricht der unumgänglichen, für uns alle geltenden Anforderung im Anthropozän. Und wir können sogar wissen und relativ einfach erleben, wie es dadurch nicht nur der Welt, sondern auch uns selbst sehr bald viel besser geht. Unser Sinn für das Genug regt sich, wir kommen in der Welt, in unseren Lebensverhältnissen an, weil wir wieder verbunden sind mit allem, was wir sind und worin wir leben!

Der Konflikt zwischen Sein und Haben

In der alten griechischen Sprache findet sich der Begriff *gignomai* (γίγνομαι, „erleuchtet wissen", woraus der Begriff Genie abgeleitet ist. Fragt man sich heutzutage, was damit einst gemeint gewesen sein könnte, wird man zugleich versuchen müssen, das damals noch ganz andere Erleben der Welt zu verstehen, weil sich darüber der damals noch ganz andere Zugang zum Wissen ergab. Zwar war es die Zeit, in der man damit begann, die Welt erforschend mit klaren Gedanken zu durchdringen; aber von dem, was wir inzwischen als Naturwissenschaft bezeichnen, war man damals noch weit entfernt. Natur wurde noch nicht vor dem Hintergrund von abstrakt reproduzierbaren Forschungsergebnissen verstanden, sondern noch wirklich erlebt. Der verantwortliche Umgang mit ihr entsprach darum auch der erlebten Nähe und Zusammengehörigkeit. Intelligenz und Moral waren noch nicht voneinander getrennt.

Für die meisten Menschen unserer Zeit ist es nahezu unmöglich, sich so mit der Welt verbunden zu wissen, wie es den Menschen vor 2500 Jahren noch möglich war. Das Leben der Natur wird nicht mehr in seiner Gänze erfahren, sondern nur noch als Eigenschaft einzelner, bestimmter Wesen, die man ebenso als lebendig erkennt, wie man andere für tot hält. Die Erfahrung des großen Ganzen, der ganzen Erde als lebendiger Organismus bleibt heutzutage weitgehend verschlossen. Qualität und Inhalt dessen, was heutzutage als Erleuchtung bezeichnet wird, ist darum auch zu etwas ganz anderem geworden. Es kann z.B. für manches technische Problem zu beeindruckenden Lösungen führen, aber es hat zuallermeist die Verbindung mit dem Geist verloren. „Geniale" Ideen und Taten in der Jetztzeit führen folglich in ganz andere Richtungen als noch im alten Griechenland.

Hinzu kommt, daß die Eingriffe des Menschen in die Natur in früheren Zeiten noch nicht so sehr eines vorausschauenden Bewußtseins zur Folgenabschätzung bedurften. Wichtig war vor allem die Tradition von Wissen und Können. Sofern vorangegangene Generationen besondere Fähigkeiten entwickelt hatten, galt es, sie weiter zu optimieren und zu verfeinern. Der Umgang mit den Möglichkeiten, die Welt im eigenen Sinne gestalten und verändern zu können, war für die Menschen in den Zeiten vor dem Anthropozän arglos, was die Aspekte der

Natürlichkeit und der ökologischen Verträglichkeit betrifft. Das ist heute vollkommen anders.

Irgendwie dämmert es uns: Während wir das Ergebnis der vermeintlichen Genialität von Gestern in den Müllbergen von Heute vor Augen haben, lernen wir, daß uns ohne die gründliche Abschätzung möglicher Folgen unseres Handelns jede Form menschlicher Mitweltlichkeit komplett unbekannt und verschlossen bleibt. Die aber ist wichtig, weil wir anders die Zukunft nicht adäquat vorbereiten könnten. Die Mitweltlichkeit steht zugleich im Gegensatz zum heute vorherrschenden Umgang mit der Natur, die durch immer ausgefeiltere Technik nur immer mehr und intensiver unterworfen und beherrscht werden soll. In der Geschichte des Menschen war schon immer viel Gewalt mit im Spiel. Nicht nur in Kriegen, sondern im übertragenden Sinne auch dann und dort, wo durch die schneidende Sense, das spaltende Beil und durch den Hammer, der das Gestein zerschlägt, genau diese Welt möglich geworden ist, in der wir es uns jetzt so kuschelig bequem gemacht haben. In einer anderen Welt würden wir nicht sehr lange überleben. Die uns vorangegangenen Generationen haben auf „geniale" Weise massive Gewalt auf die Natur ausgeübt, um uns Heutigen unser Leben zu ermöglichen. Dabei wurde unsere Wirtschafts- und Konsumwelt immer weiter von der Natur entfernt.

Die Megamaschine

Lewis Mumford

Lewis Mumford, ein US-amerikanischer Wissenschaftler und Architekturkritiker des 20. Jahrhunderts, prägte in seinem zweibändigen Werk *Mythos der Maschine* den Begriff „Megamaschine" (Lewis Mumfort: *Mythos Maschine*, Band I und II, Wien 1967 und 1970). Dem liegt die Vorstellung zugrunde, daß sich infolge der Entwicklung der Technik Gesellschafts-, Lebens- und Rechtsformen entwickelt haben, die die Lebewesen auf Erden in ein prinzipielles Funktionieren zwingen. Im Endeffekt bleibt Leben darin nur möglich, wenn es kompromißlos unnatürlichen Vorgaben folgt.

In seinem Buch *Die Antiquiertheit des Menschen* (München 1956) formuliert der Philosoph Günther Anders das sich darin realisierende Prinzip: *„Was nicht verwertbar ist, ist nicht.*"Es geht in den Funktionen der Megamaschine nicht mehr darum, ob etwas lebt und ob es darum für sich bedeutend ist, sondern ausschließlich darum, ob es sich in die Hierarchie ökonomischer Verwertbarkeit gruppiert bzw. gruppieren läßt. Dabei, so Günther Anders im besagten Buch, habe der Mensch nach und nach jene Angst verloren, die sich auf die mutmaßlich eintretenden Folgen seines Handelns bezieht:

„Dieser Verlust der Apokalypse- (und Höllen-) Angst hätte eine beträchtliche Rolle zu spielen. Die Verwandlung, die unsere Vorfahren (und durch sie wir) durch diesen Verlust erfahren haben, war nicht weniger fundamental als jene Verwandlung, die deren Ahnen durch die kopernikanische Drehung erfahren hatten. Ohne diesen ‚Verlust' hätte sich die Selbstsicherheit des modernen Menschen niemals so steigern können, wie sie sich tatsächlich gesteigert hat; und ohne ihn würde eben unsere heutige Unfähigkeit zur Angst unverständlich bleiben."

Zunächst ging dem Menschen die Fähigkeit verloren, seine Lebensumgebung mitweltlich zu erleben. Und dann schwand ihm auch noch die Angst vor den Folgen seiner Taten. So wurde er durch die von ihm selbst geschaffene Megamaschine verändert. Spätestens dann, wenn es am Ende um die Renditen auf eingesetztes Kapital, also um jene Gewinne geht, die spekulative Anlagen von Geld amortisieren, bietet sich für den Menschen die eindeutige Chance, sich dessen bewußt zu werden, wie weitreichend er den Systemgewalten unterworfen ist; schließlich ist sein unersättlicher Konsum der Treibstoff, der das Räderwerk der Megamaschine am Laufen hält.

Bemerkenswert darin ist, daß die Bedürfnisse der Menschen immer so weit reichen, daß das jeweils zur Verfügung stehende Vermögen für den Konsum tatsächlich auch total ausgeschöpft wird. Jede mögliche Sparsamkeit wird immer wieder und schneller durch Steigerung des Konsums kompensiert. Der Mensch scheint sich tatsächlich immer nach der Decke zu strecken. In den Jahren von 1993 bis 2009 z.B. sank in den USA der Energiebedarf für das Heizen von Gebäuden um mehr als zehn Prozent, während der Verbrauch zum Betrieb elektrischer und elektronischer Geräte in diesem Zeitraum im gleichen Umfang zunahm. Das belegt exemplarisch: Was zur Verfügung steht, wird auch verbraucht. Aber auch direkte Rebound-Effekte begleiten den Konsum: Preissenkungen schüren die Nachfrage, weshalb Einsparungen durch effizientere Technik keine Einsparungen ergeben, sondern sogleich durch Mehrverbrauch neutralisiert werden. Mit spritsparenden Autos werden längere Strecken zurückgelegt, und preiswertere Kleidung wird in größeren Mengen gekauft usw.

Amortisationen – also die Tilgung der Anschaffungskosten durch Erträge bzw. durch Überschüsse im Falle privater Haushalte – sollten eigentlich für Reparaturen oder Ersatzbeschaffungen zur Verfügung stehen, denn schließlich verschleißt unser ganzes Hab und Gut im Laufe der Zeit. Allerdings hat der Umfang der Haushaltsvermögen bis heute derart zugenommen (von durchschnittlich 400 Gegenständen zu Beginn des 20. Jahrhunderts auf gegenwärtig 10.000), daß nie und nimmer so viel vom Einkommen übrigbleibt, wie es eigentlich notwendig wäre, um mit eigenem Geld für den Erhalt des Vermögens sorgen zu können. Deshalb nimmt die Verschuldung von Firmen und Privatpersonen immer mehr zu, denn nur auf der Basis wachsender Schulden kann im erforderlichen Umfang noch investiert werden. Das gilt mittlerweile privat-, betriebs- und volkswirtschaftlich gleichermaßen.

Dieser fatale Effekt wird noch dadurch geschürt, daß sich, vornehmlich auf der Nordhemisphäre der Erde, tatsächlich eine Wegwerfgesellschaft entwickelt hat. Aus Gebrauchsgütern sind Verbrauchsgüter geworden. Reparaturen sind kostspieliger als Neuanschaffungen, auch wenn es sich nicht sowieso schon um Einwegprodukte handelt. *Faktisch beruht die Funktion der Megamaschine auf einem brutalen Widerspruch, der darin besteht, daß die sogenannte Wertschöpfung durch Wertvernichtung betrieben wird.* Warum sind wir damit gemeinhin zufrieden?

Redensarten wie „Hast du was, bist du was" oder „Kleider machen Leute" sind nicht aus der Luft gegriffen. Tatsächlich wirkt der schöne Schein, auch wenn er ein Fake ist. In der Megamaschine geht es um einen Status, der sich nach dem materiellen Wohlstand bemißt. Und weil dem in der Welt des Menschen keine Grenzen mehr gesetzt sind, wollen die meisten auch von allem immer mehr. Nur so, auf der Basis vermeintlich unendlichen Wachstums, funktioniert unsere

Serge Latouche (Ausschnitt)

ökonomisierte Welt. Der französische Wachstumskritiker Serge Latouche postuliert: *„Es gibt nichts Schlimmeres als eine auf Wachstum basierende Gesellschaft ohne Wachstum."* (Serge Latouche: *Es reicht!*, München 2015) und fordert darum eine gänzliche Abkehr von den Paradigmen vorherrschenden Wirtschaftens hin zu Lebensmodellen eines Zeitalters des Postwachstums. Aber bis dahin ist es noch ein beschwerlicher Weg, für den wir allerdings nicht mehr viel Zeit haben.

„Nicht-Wissen" und bewußtes Vertrauen

Unser Wissen von der Welt reicht heute schon für die allgemeine Bildung so weit, daß wir nicht wenige Herausforderungen und Fragen auszumachen in der Lage sind, für die wir (noch) keine hinreichenden Antworten parat haben. So ist die Frage nach einer *neuen* Genialität drängend. Wir brauchen Methoden, die zu Ideen führen, die dazu beitragen, das aus heutiger Sicht noch Unvorstellbare bewältigen zu können.

Vieles von dem, dessen Evidenz für das Leben in zukünftigen Zeiten wir nicht leugnen können, übersteigt die bisher bekannten Möglichkeiten der Lösung. Zur Verdeutlichung drei Beispiele: Bislang ungelöst ist, wie wir der andauernden, exponentiellen Zunahme der Anzahl an Menschen auf Erden begegnen können, wie wir mit den teils hochtoxischen Abfällen unserer Industrien umgehen haben oder mit welchen Energien wir jene technischen Systeme in vielleicht nicht mehr fernen postfossilen Zeiten betreiben werden, von denen mittlerweile die wichtigsten Funktionen unseres Lebens auf Erden abhängen. Neben der phantastischen Fülle des verfügbaren Wissens treffen wir hier auf einen Bereich quälenden Nicht-Wissens. Nicht wenige Menschen versetzt das nach genauerem Nachdenken in ruhelose Umtriebigkeit, andere in lethargische Lähmung. Und hier stellt sich die grundsätzliche Frage: Worauf können wir in solchen Momenten vertrauen? Dazu finden wir aus unseren bisher bekannten Zusammenhängen heraus keine Antwort. Die psychologischen Wirkungen dieser spannenden, unumgänglichen Herausforderung sind indessen enorm.

Nimmt man Menschen die Möglichkeit, ihre Umgebung oder sich selbst zu erleben – das tritt ein, wenn nichts mehr als sicher und beherrschbar erkannt wird –, richtet sich die Aufmerksamkeit sehr schnell auf das Irrationale. Diese Beschreibung charakterisiert unsere Gegenwart, aber auch Folterexperten nutzen schon immer diesen Effekt der „Regression" (Quelle: *Kubark-Manual*, Folterhandbuch der CIA, 1963): Um die Klarheit des Bewußtseins und den Willen von

Menschen zu brechen, wird jede Ordnung durcheinandergebracht. Tageszeiten sollen nicht mehr erlebt werden und Erwartetes nicht oder zum ungewöhnlichen Zeitpunkt eintreten. Auch etwa die bloße Androhung von Schmerzen wirkt häufig stärker als diese selbst. Der auf diese Weise Gequälte weiß nicht, ob der Folterer tatsächlich ernst macht und ihm wirklich die angedrohten Schmerzen zufügen wird, und er weiß auch nicht, welcher Art die Qualen sein werden. Folglich beginnt er, sich, von Furcht getrieben, Vorstellungen davon zu bilden, die meistens nichts an Grauen zu wünschen übriglassen – und schon haben die Folterknechte ihr Ziel erreicht.

Aber auch in weniger spektakulären Lebenszusammenhängen entfaltet Nicht-Wissen seine Macht, etwa wenn Menschen ganz alltäglich auf die Zukunft gerichtet mutmaßen: Was noch nicht ist, aber dennoch prinzipiell erreichbar ist, wird glorifiziert – ob Lottogewinn, Traumjob oder Wunschpartner/in – oder panisch gefürchtet, etwa wenn es z.B. um Naturgewalten oder tatsächlich nur sehr seltene Krankheiten geht. All das kann, nach entsprechender Emotionalisierung, zum Antrieb für unablässiges Bemühen werden, das ungewöhnliche Kräfte freisetzt. Der vom Nicht-Wissen erfüllte Mensch wächst scheinbar über sich selbst hinaus. Die Frage bleibt allerdings, was er in seinen dann folgenden Taten realisiert, also wes Geistes Kind er geworden ist, nachdem ihm die Stützen des alltäglichen Sicherheitsgefühls genommen wurden.

In vielen Sagen, Märchen, Romanen oder – heutzutage – Filmen und Computerspielen geht es um jenen heroischen Typ Mensch, der sich durch das sprichwörtliche Nichts nicht aus der Ruhe bringen läßt. Als Ausdruck überragender Kraft und Überlegenheit wird jene Fähigkeit glorifiziert, die selbst noch im größten Chaos oder der heftigsten Bedrohung Besonnenheit ermöglicht. Allerdings wird in sehr verschiedener Weise die Frage nach dem Fundament des unerschütterlichen Vertrauens beantwortet: Hybride Mensch-Engel-Wesen handeln im Vertrauen auf göttliche Kraft, Soldaten aufgrund von lauterem Patriotismus oder intergalaktische Helden im Namen aller auf Erden ums Überleben ringenden Menschen.

Gemeinsam ist allen Narrativen, die den seinen Lebensverhältnissen gegenüber stets überlegenen Menschen zum Inhalt haben, der Glaube an etwas, das im Äußeren nicht, nicht mehr oder noch nicht zu finden ist. Götter, Geister, Quellen magischer Kraft, Erinnerungen an geliebte Mitmenschen oder das Wissen um die Zugehörigkeit zu einem geheimen Bund: Wo das Äußere seine Tragekraft verloren hat, kommen andere Bereiche und Kräfte ins Spiel. Das ist das eine, das als Botschaft übermittelt wird, und es ist nicht ohne Wahrheit. Ein anderer Teil der Botschaft besteht darin, daß Menschen sich in solch vermeintlich ausweglosen Situationen entscheiden müssen, auf welches Ziel sie ihr Vertrauen richten. Das Kuriose ist, daß dieses Ziel im noch Unbekannten, Nicht-Gewußten verortet ist. Und genau das ist heutzutage für uns alle zur vordergründigen Realität geworden. Ließe sich darin die Chance für das Entwickeln einer gänzlich neuen Spiritualität erkennen? Haben die beengenden Verhältnisse der Jetztzeit dementsprechend also vielleicht sogar einen guten Sinn?

Auch im sozialen Miteinander kommt dem Nicht-Gewußten eine besondere Bedeutung zu, die wir ebenfalls erst wieder von Neuem zu entdecken haben. Die computerisierte, webbasierte Welt ist bezüglich dessen, was gewußt werden kann, derart perfekt, daß für ein waches Vertrauen im Nicht-Wissen oder gar für romantische Träume nur noch sehr wenig Platz bleibt. Das Eigentliche im Zwischenmenschlichen, jenes tiefgründige Vertrauen, das aus dem freien Willen der Menschen, allen Schicksalsschlägen zum Trotz, immer wieder neu aufgebracht wird, ist in den Grundfesten erschüttert. Es geht um nicht weniger als um ein von jedem Menschen für sich selbst gewolltes Bewußtsein, das jenen Bereich füllt, in dem etwas eben noch nicht gekannt oder gewußt ist. Darin ist der Mensch einzigartig und vor allem frei. Keinem anderen Lebewesen ist diese Anforderung und Fähigkeit zu eigen.

Der Glaube an das Gute, daran, daß Schönheit und Wahrhaftigkeit einander bedingen, an die Kraft des Lebens, die alle zeitweiligen Unbilden der Geschichte auch in Zukunft überdauern wird – derartige Inhalte des Bewußtseins werden heute allerdings durch Darstellungen von Wahrscheinlichkeiten bedroht, die bloß nüchtern errechnet werden. Ein sehr wichtiges intimes Feld menschlicher Entwicklung wird durch die Technik der Megamaschine bedroht, denn bis in die tiefsten Schichten der Seele und des Sozialen hinein wirkt der Zug zum Funktionalen. Wie kann unter solchen Voraussetzungen noch echte Menschlichkeit gedeihen?

Skurril ist, daß wir uns selbst auf solchen Wegen immer mehr zu Wesen machen, die sich nicht nur bloß auf das Berechenbare konzentrieren, sondern die zugleich höchstselbst nichts anderes als stets berechenbar sein wollen. Die Trendsetter des neuen Menschen(gegen)bildes sind selbstlernende Algorithmen, die Computerprogrammen zugrunde liegen, die an allen nur denkbaren Informationsquellen die Flut des entstehenden Wissens auswerten, um möglichst treffgenaue Prognosen von dem zu erstellen, was noch nicht ist, aber bald schon sein soll und sein wird. Von selbstgewolltem Vertrauen keine Spur! Warenwirtschaftssysteme großer Handelsketten und Online-Versender arbeiten bereits damit. Für die dm-Drogeriemärkte (*„Hier bin ich Mensch, hier kauf ich ein!"*) beispielsweise wird die Personalplanung darauf abgestützt. Im Ergebnis werden die Daten für eine Noch-nicht-Wirklichkeit geliefert, die logisch einwandfrei funktioniert und die man darum bestmöglich zustande bringen will. Vom bewußten Vertrauen bleibt dann keine Spur mehr.

Letztendlich rangiert in den gegenwärtigen Alltäglichkeiten über allem der Wille, menschliches Entscheiden und Verhalten so gut verstehen zu können, daß es vorhersagbar und lenkbar wird. Dabei geht es nicht darum, optimale Bedingungen für die Entfaltung des freien Willens einzelner zu schaffen, sondern um das Eingleisen von Individuen in die Funktionen einer Masse von Menschen. Gerade in unserer immer komplexeren Welt werden dafür Analogien im Tierreich gesucht. Sehen wir uns dazu ein paar Beispiele an und schauen wir, wohin die Reise gehen könnte.

Über das Entstehen von Ameisenstraßen z.B. weiß man mittlerweile sehr viel. Die einzelnen Tiere schwärmen zunächst unkontrolliert aus und hinterlassen dabei eine Pheromonspur. Haben sie dann eine Nahrungsquelle gefunden, kehren sie auf dem gleichen Weg zurück und verstärken so die gelegte Spur, damit andere Tiere schließlich folgen können. Was das Interesse der Wissenschaftler bis heute besonders fasziniert, ist, daß es auf den Straßen der Ameisen keine Staus gibt. Was kann daraus für die Verkehrsplanung der Menschen gelernt werden?

Ausschnitt aus einer Gedenktafel für Bernhard Grzimek in Neiße

Schon Bernhard Grzimek erkannte, daß in Rudeln afrikanischer Wildhunde gegenseitige Hilfe und Toleranz vorherrschende Prinzipien sind – und die Tiere wegen der ruhigeren, empathischeren Lebensweise länger leben Die Beobachtung der Silberrücken (erwachsene männliche Gorillas) scheint diese Vermutung zu bestätigen: Sie kümmern sich zuweilen mütterlich um die Aufzucht des Nachwuchses – und werden ebenfalls fast genauso alt wie ihre Artgenossen weiblichen Geschlechts. Lassen sich aus solchen Beobachtungen Schlüsse ziehen, die es ermöglichen, Lebensformen zu installieren, die den bislang noch weitgehend verschlüsselt gebliebenen Prozeß des Alterns verlangsamen?

In den 1970er Jahren begann man damit, die Selbstorganisation von Schwärmen systematisch zu erforschen. Dabei ging es zunächst um Schleimpilze, später um Tiere zu Lande und im Meer. Phänomenal trat zutage, daß es ein „Superbewußtsein" zu geben scheint, mit dem die einzelnen Mitglieder eines Schwarms oder einer Herde derart verbunden sind, daß es ihre Handlungen im Sinne des Ganzen optimal beeinflußt. Dafür wurde im Jahr 1989 durch Gerardo Beni und Jing Wang im Zusammenhang mit der Robotikforschung der Begriff *„swarm intelligence"* geprägt. Die Entwicklung der Schwarmforschung nahm immer mehr an Fahrt auf.

Im „CoCoRo-Projekt" haben Wissenschaftler jüngst eine Gruppe von Unterwasserrobotern so programmieren können, daß Phänomene eintreten, die an ein natürliches Schwarmverhalten erinnern: *„Durch die Entwicklung neuartiger, bioinspirierter Algorithmen können alle drei Robotertypen miteinander kommunizieren, untereinander Informationen austauschen und dann letztendlich gemeinsame Entscheidungen treffen. Das CoCoRo-System funktioniert über eine einfache Form der Selbstwahrnehmung: Der Schwarm sammelt Information, die er über die einzelnen Mitglieder aufnimmt und verarbeitet diese dann kollektiv. Das bedeutet, daß der gesamte Schwarm über ein weit größeres Wissen verfügt als das einzelne Schwarmmitglied."* (Quelle: roboterwelt.de)

Auch bezüglich der Menschenwelt lieferte die Schwarmforschung erstaunliche Erkenntnisse. Im „Global Consciousness Project" konnten die Wissenschaftler nachweisen, daß ein Ereignis neuronale Reaktionen hervorruft, schon bevor die Nachricht darüber verbreitet wurde. Können Maschinen-Systeme lebendig sein? Wissen wir Menschen viel mehr, als es uns bewußt ist?

Als bis dato vorläufiges Ergebnis postuliert man, daß Lebewesen unter bestimmten Voraussetzungen zusammen mit anderen wesentlich intelligenter sein und handeln können als alleine. Es wird ein Wissen verfügbar, das dem einzelnen Wesen sonst verschlossen bleibt. Dabei treten Prinzipien eigener Ordnung zutage. Ornithologen haben z.B. erkannt, daß von einem im Schwarm fliegenden Vogel maximal sieben Artgenossen wahrgenommen werden können. Und Harlan D. Mills erkannte schon vor Jahren, daß die Siebenzahl eine ideale Größe einer Arbeitsgruppe beschreibt, und machte diese Erkenntnis zum Erfolgskonzept der Personalplanung bei IBM (siehe meine Ausführungen dazu in meinem Buch *Mitwelt erleben*, Kapitel *Wissen von Welt und Mensch: Information*, FLENSBURGER HEFTE Nr. 126). Die Anwendung von Erkenntnissen der Schwarmforschung wirkt bereits so weit, daß „moderne" Kriege taktisch als „Bio-Wars" geführt werden, in denen die bei der Erforschung von Lebensprozessen extrahierten Formeln ermöglichen, Gegner optimal zu bekämpfen.

Zunehmend verändert sich vor einem solchem Hintergrund auch unser ganz alltägliches Leben. In „All-Channel-Networks" können wir prinzipiell mit jedem online problemlos in Echtzeit kommunizieren. Scheinbar handelt es sich um ein „Bewußtsein", das alle Beteiligten zu umfassen vermag und an dem jeder bald Anteil haben muß, um im Alltag noch bestehen zu können. Menschliches Organisieren folgt darin aber immer mehr der Logik bloßen Funktionierens, Zukunft degeneriert zur bloß noch fortgeschriebenen Vergangenheit. Die Richtung, wohin der Geist des Faustschen Wagners („*Zwar weiß ich viel, doch möcht ich alles wissen*") treibt, wurde schon 1949 durch George Orwell mit seinem fiktiven Roman *1984* treffsicher auf den Punkt gebracht. Und während Aldous Huxley 1932 über seine Sicht auf die *Schöne neue Welt* schrieb, war sein Bruder Julian von den neu denkbar gewordenen Möglichkeiten der Eugenik dermaßen angetan, daß er sich in Ideen zu plan- und züchtbaren Menschen erging.

Das Immer-Mehr an Wissen belehrt uns über Funktionen, die vorhersagbar sind. Implizit wird dabei die Illusion genährt, daß Leben nur effizient genug organisiert sein muß, um gut, sogar bestens

George Orwell (1930)

© Gemeinfrei   Branch of the National Union of Journalists (BNUJ)

Aldous Huxley (1970)

© Gemeinfrei   LA NACIÓN, Un siglo en sus columnas (Autor unbekannt)

zu sein. Wenn es darum geht zu erkennen, was tatsächlich als typisch menschlich bezeichnet werden kann, könnten wir freilich in eine ganz andere Richtung blicken: Es muß eine Kraft im Menschen wirken, sich gerade auf das noch nicht Gewußte und Gekonnte einlassen zu können. Denn wie hätten wir sonst gelernt, das Feuer zu handhaben, Werkzeuge und Maschinen zu erfinden oder Rechtssysteme zu schaffen? Nicht die im Tierreich bestens erkennbaren *Funktionen* einzelner Wesen und ganzer Schwärme sind es, um die es geht, sondern es geht um ein *waches, vollbewußtes Vertrauen* in Bereichen des noch nicht Gewußten und Gekonnten, das dem Menschen als besondere Eigenschaft seiner Art möglich ist. Unsere Zeit mit all ihren Problemen könnte – trotz allem – gerade dazu beitragen, daß wir Menschen uns dieser besonderen Kraft noch viel stärker, und zum Wohl der Welt, bewußt werden. Auf diesen Aspekt komme ich im dritten Buchteil zurück.

Begreifen, was Genug ist

Wollen Sie der Mensch sein, der Sie jetzt sind? Um diese Frage beantworten zu können, werden Sie sich eine einigermaßen gute Vorstellung von ihrem bisherigen Leben und dessen gegenwärtigen Wirkungen bilden müssen. Wie gut kennen Sie sich selbst? Wie klar sind Ihre Eindrücke davon, wie Sie als Person und durch die Art Ihrer Lebensführung auf Ihre Umgebung, andere Lebewesen, Lebenszusammenhänge, Mitmenschen wirken bzw. im Laufe der bisherigen Jahre Ihres Lebens gewirkt haben? Wissen Sie darüber genug? Was meint der Wagner in Ihnen: Weiß er zwar viel, will aber dennoch alles wissen? Glauben Sie, daß der Grad der möglichen Erkenntnis tatsächlich von der Menge des Wissens abhängt, das Ihnen zur Verfügung steht?

Was jetzt erst einmal befremdlich wirkt – wann fragen wir uns schon einmal in diesem Sinne nach uns selbst? –, ist von großer Bedeutung, schon einfach deshalb, weil wir durch derartiges Nachdenken an unserem willentlichen Verhältnis zur Welt (siehe voriges Unterkapitel) zu arbeiten beginnen. Versuchen wir zum Abschluß dieses ersten Buchteils zu pointieren:

Wir verfügen, jedenfalls soweit mit uns gesundheitlich alles in Ordnung ist, über einen guten Sinn für das Genug, wenn es um unseren Leib geht. Genug Schlaf, Ruhe, Nahrung ...: Das vermögen wir, wie selbstverständlich, einzuschätzen, weil uns jedes Zuviel oder Zuwenig sofort direkt fühlbare Probleme bereitet.

Bezüglich unseres Eigentums wird es etwas komplizierter, wenn wir nach dem Genug fragen. Zunächst stoßen wir da auf die menschenrechtliche Dimension, die uns darüber klar sein läßt, daß es ein minimales Versorgtsein gibt, das eine Existenz überhaupt erst ermöglicht. Darüber entscheidet sich sehr elementar, was genug Nahrung, Obdach, Bildung, Gesundheitsversorgung usw. ist. Dieses Genug wird heutzutage wider besseres Wissen durch die faktisch bestehende systembedingte Verteilungsungerechtigkeit in riesigem Ausmaß erschüttert. Außerhalb dieser menschenrechtlichen Dimension und oberhalb des existentiell Minimalen haben sich Gewohnheiten und Lebensstile entwickelt, in denen es zunehmend schwerer wird, das rechte Maß für sich selbst zu finden und zu realisieren. Sie und ich gehören zu jenem Teil der Menschengemeinschaft, für den das gilt. Wieviel Geld, Boden, Technik, Politik, Schmuck, Sport, Vermögensgegenstände, Freizeit, Wissen, Kommunikation, Religion usw. ist für uns denn nun genug? Mögliche Antworten darauf ergeben sich, sofern uns bewußt wird, was wir mit unserem Besitz tun wollen, was wir damit bewirken wollen und welche Folgen unsere persönliche Lebensweise für andere hat.

Indem also in der richtig gestellten Frage nach dem Genug Selbst- und Welterkenntnis miteinander verbunden werden, zeigt sich ihre eigentliche Dimension; denn zwei Bereiche unseres Lebens, die in der Welt der Megamaschine getrennt sind, finden wieder zueinander. Ein Bewußtsein davon, was mit einem Besitz getan werden soll (Ökonomie) und wie das wirkt (Ökologie) vermittelt einen Eindruck von jenem Genug, das für uns Menschen auskömmlich und für unsere Mitwelt verträglich ist. Darin können wir in Zukunft menschlich Mensch sein.

Lassen ist menschlich

In einer Welt, in der wider alle Vernunft tagtäglich unendliches Leid hervorgerufen und verstetigt wird, nur um sehr banale, materielle Bedürfnisse in immer größerem Umfang zu befriedigen, will tatsächlich niemand wirklich leben. Trotzdem schaffen wir diese Verhältnisse durch unsere Lebensart – auch Sie und ich – immer wieder und weiter, denn wir alle profitieren vom Ineinandergreifen aller Funktionen dessen, was Lewis Mumford als Megamaschine bezeichnet hat. Unsere Art zu leben wäre heutzutage anders gar nicht mehr möglich.

Wenn wir uns vor Augen führen, in welchen Zustand wir Menschen unsere Mitwelt versetzt haben, können wir uns fragen, ob wir das alles so gewollt haben. Vermutlich werden Sie diese Frage verneinen. Das bedeutet, daß unsere Zivilisation das Ergebnis von Gedanken ist, die keine Verbindung mit dem Willen, mit unseren wirklichen, tieferen Absichten haben. Das war nicht immer so, weder bezüglich unserer selbst (Kindheit) noch bezüglich früherer Zeiten menschlicher Kulturentwicklung. Zweifellos wäre es wichtig, den eingetretenen Mangel zu beseitigen. Aber wie?

Vorhin haben wir uns mit einem kleinen Experiment der Erfahrung genähert, daß wir im *Nichts-Tun nicht nichts tun*. Für das Erleben dieses sogenannten negativen Leistens (in der äußeren, gegenständlichen Welt wird direkt nichts verändert) haben wir kein gutes Sensorium. Und weil unser alltägliches Leben nur auf ein sehr einseitiges (nämlich positives) Leistungsziel ausgerichtet ist, deuten wir negatives Leisten schnell als Faulheit, wertlos und grundsätzlich nicht zielführend. Das ist vordergründig durchaus nachvollziehbar und verständlich. Dennoch wird man zuletzt nur die *eine* Seite unseres Lebens als Ausdruck positiven Leistens verstehen können, aber auch die *andere* Seite liegt für unser Verstehen gar nicht so fern. Neben der gelegentlichen, physiologisch notwendigen Rücknahme unserer Aktivitäten (Pause, Ruhe, Schlaf) zum Zweck der Regeneration gibt es jene Augenblicke und Phasen, in denen wir instinktiv innehalten, um uns vor einem Entschluß oder einer Tat für einen Moment zu besinnen. In solchen Momenten verändert sich *etwas*, zuerst in uns, wobei unser aktiver Anteil zunächst nur darin zu bestehen scheint, die Besinnung eintreten zu lassen und ansonsten in relativer Ruhe zu verharren. Sie kennen das und wissen bestimmt genau, was ich meine. Aber was könnte das mit unserem Thema zu tun haben?

Es gibt eine schier unübersehbare Fülle von Angeboten an Workshops, Trainings und Techniken, die darauf ausgerichtet sind, die erschöpften und ermüdeten Menschen der Jetztzeit wieder zur Ruhe zu bringen. Ambitioniert – ob vor esoterischem oder therapeutischem Hintergrund – wird eine Klientel bedient, die von sich weiß, daß das Maß des Genug für sie überschritten wurde. Viele Angebote führen zum versprochenen Ziel. Die Beruhigung wirkt. Krankheitszustände werden geheilt. Dennoch wissen wir bislang nur sehr wenig darüber, was und wie wirksam ist, wenn wir scheinbar einfach mal nichts tun. Jüngste Forschungsergebnisse zeichnen ein unerwartetes Bild:

„Die Bereitschaft zum Loslassen und das Gehen neuer Wege bedingen einander. Erst der Wille, ineffektive Handlungsweisen abzubauen, überlebte Daseinsbereiche zu verlassen, Abbau- und Sterbeprozesse zu akzeptieren, gibt den Raum zu individueller Daseinsgestaltung. (...) Die Fähigkeit, bewußt passiv bleiben und sich Aktivitäten versagen zu können, ist ein Vorzug des Menschen gegenüber anderen höheren Lebewesen. Ruhe und Passivität sind nicht von selbst gegeben, sondern sind aktive Leistungen. (...) Das wird eindrucksvoll durch Hirnscans unterstrichen,

die zeigen, daß der Ruhezustand mit vermehrter physiologischer Aktivität im Stirnhirn einhergeht. Im Ruhezustand werden beim Menschen erhöhte Stoffwechselaktivitäten im Vorderhirnbereich gemessen, die Ausdruck einer verstärkten neuronalen Inhibition sind. So zeigt das PET im Ruhezustand eine vermehrte Durchblutung der vorderen und eine verminderte der hinteren Hirnhälfte." (Hans Jürgen Scheurle: *Das Gehirn ist nicht einsam – Resonanzen zwischen Gehirn, Leib und Umwelt*, Stuttgart 2013).

Ich kann und will hier nicht ausführlich erklären, warum gerade das *bewußte* Lassen, also das *bewußte* negative Leisten, für unser Leben und Überleben so bedeutend ist, sondern zunächst nur auf zweierlei hinweisen: Erstens ist es typisch menschlich, so etwas überhaupt zu können, und zweitens haben wir es mit einem Bereich zu tun, den wir noch zu wenig kennen, der aber inmitten unserer durch den gefährlichen Überfluß gefährdeten Welt von entscheidender Bedeutung sein könnte – und das nicht nur qualitativ, sondern ganz existentiell.

Im folgenden zweiten Buchteil werden wir nun etwas genauer auf einige besondere Entwicklungen und Auswüchse unserer Überflussgesellschaft schauen.

TEIL 2:

MASSLOSIGKEIT:

ZUVIEL VON ALLEM FÜR ALLE

Die Macht des Geldes

Die Geschichte von König Midas, der sich von Dionysos wünschte, daß sich alles, was er berührt, zu Gold verwandelt, steht seit über zweitausend Jahren für die Folgen ungebremster, gedankenloser Gier. Die Redensart „Gold kann man nicht essen" bezieht sich auf diese alte Anekdote. Midas erkannte bald sein neues, durch die Erfüllung seines Wunsches selbstgeschaffenes Problem: Er begann an Hunger und Durst zu leiden, trotz des riesigen Reichtums an Gold, der sich immer weiter vermehrte.

So ähnlich geschieht es unter uns Menschen in großem Stil, weil wir allzuoft den äußeren Reichtum über die natürlichen und inneren Werte setzen. Wenn wir irgendwann alles zu Gold bzw. Geld verwandelt haben, wovon wollen wir uns dann ernähren? Wir wissen um das Dilemma, aber wir machen weiter und immer weiter, als wäre dem nicht so. Bertolt Brecht meinte dazu einmal scharfzüngig:

Bertolt Brecht (1954)

„Und sie sägten an den Ästen, auf denen sie saßen und schrien sich zu ihre Erfahrungen, wie man besser sägen könne. Und fuhren mit Krachen in die Tiefe, und die ihnen zusahen beim Sägen, schüttelten die Köpfe und sägten kräftig weiter."

Heutzutage ist es den meisten Menschen klar, daß sich enormer Besitz in den Händen einzelner Menschen befindet. Das Ergebnis der sich immer schneller ereignenden Umverteilung ist nicht verborgen, sondern für jeden jederzeit sichtbar. Das setzt Maßstäbe, sofern es zum allgemeinen Ziel geworden ist, bestenfalls an der überbordenden Fülle des ständigen Angebots an Waren und Dienstleistungen teilzuhaben, statt sich auf das wirklich Benötigte zu beschränken. Materieller Reichtum als Zeichen des Erfolgs und als Schlüssel zur

Teilhabe am Leben!? Was für ein fragwürdiges Ideal mit fatalen Wirkungen haben wir Menschen da nur für uns geschaffen!

Drei Fallen

Wahrscheinlich haben Sie es auch schon mal mitbekommen – in einer Talkshow, einer Podiumsdiskussion, einem Vortrag oder Zeitungsartikel –, daß Unternehmer sich damit brüsten, daß sie hohe Steuern entrichten, Zinsen erwirtschaften und Arbeitsplätze schaffen. Sie sehen sich als die Motoren der Wirtschaft und als Garanten des Versorgtseins der Menschen. Weil das von den allermeisten auch so geglaubt wird, ist diese Spezies auch so bewundert und umworben. Aber es stimmt so nicht, was den Wirtschaftsbossen ihr hohes Ansehen verschafft; denn tatsächlich sind es natürlich nur die Kunden, also Sie und ich, die Steuern, Zinsen und Löhne zahlen. Unternehmer können ja nicht anders – jedenfalls wenn sie vernünftig sind und nicht die baldige Pleite ihrer Firma riskieren wollen –, als alle Kosten zu Bestandteilen der kalkulierten Preise zu machen. Das klingt simpel, führt aber zum Verständnis von einem außerordentlich gefährlichen Aspekt der vorherrschenden Ökonomie.

Sie werden keinen Zweifel daran haben, daß jede gute Leistung ihren Preis hat. Nehmen Sie die Leistung von Mitmenschen in Anspruch, werden Sie dafür angemessen bezahlen. Einer guten Ethik folgend ermöglichen Sie dadurch, daß eben genau die Leistung, die Sie in Anspruch nahmen, hernach wieder – für andere – erbracht werden kann. Dieses Prinzip nennt man Realwirtschaft. Leistung und Vergütung sind gedeckt. Der Preis ist gerecht. Da angebotene Waren und Dienstleistungen auf langen Produktions- und Handelsketten beruhen (die mittlerweile weit um den Globus reichen), ist es aber auch immer so, daß von meist mehreren Leistungserbringern Kredite aufgenommen wurden, für die Zinsen zu entrichten sind. Landwirte haben Traktoren gekauft, Bäckereien Öfen, die Lastwägen der Großhändler wurden per Leasing finanziert, und auch der Supermarkt vor Ort wurde mit Hilfe der Banken ausgestattet. Und so fallen darum an verschiedenen Stationen der Leistungskette Zinsen an, die in jene Kalkulationen eingehen, die schließlich den Endpreis bestimmen. In Deutschland ergibt das einen durchschnittlichen Zinsanteil von etwa 30 Prozent in den Preisen aller Konsumgüter.

Diese Tatsache können Sie von zwei Seiten betrachten. Sie können erkennen, daß Sie zur Deckung Ihres Bedarfs – sagen wir an Lebensmitteln – eigentlich ein Drittel weniger Geld bräuchten, oder, anders betrachtet, daß Sie in den Monaten Januar bis April nur für die Ansprüche der Banken arbeiten (wohlgemerkt: auch dann, wenn Sie selbst gar keine Schulden haben). Ich weise auf den gefährlichen Effekt von Zinsen und Zinseszinsen immer wieder hin (z.b. ausführlich in meinem Buch *Ware Mensch – In den Ketten des Geldes* im Kapitel *Geld als Ware*, FLENSBURGER HEFTE Nr. 119), weil es sich um jene Kraft handelt, die für die *systemimmanente Notwendigkeit* dauernden Wachstums verantwortlich ist. *In der vorherrschenden Wirtschafts- und Geldordnung kann und darf es schließlich systembedingt nie genug von irgend etwas geben.* Das schafft Verhältnisse und Bedingungen, die mit einem auskömmlichen, ökologisch und sozial sinnvollen Leben nicht vereinbar sind! Dafür drei Beispiele – ich nenne sie Fallen –, die schnell verdeutlichen, worum es geht.

Unsere eigene Existenz und die unserer Mitwelt beruht auf Prinzipien, die die Besonderheiten des Lebens ausmachen. Im großen und ganzen sind Geben und Nehmen im Sinne des ökologischen Gleichgewichts ausgewogen. Dasein und Möglichkeiten der einen Lebewesen passen zum Bedarf der anderen. Und es gibt im natürlichen Leben auch ein Werden und Vergehen, das sich zu allen Prozessen stimmig verhält. Ist das ökologische Gleichgewicht ausgewogen, sind es die Lebenszyklen der Pflanzen und Tiere auch. In den natürlichen Grenzen des Wachstums ereignet sich jener Wandel, in dem das eine verschwindet und das andere erscheint. In dieser natürlichen Ausgewogenheit ist jedes Zuwenig oder Zuviel Ausdruck einer bald tödlichen Erkrankung. Natur führt darum gesundend stets zum für alle auskömmlichen Genug zurück.

Mit dieser natürlichen Ordnung sind die dauernd Wachstum treibenden Eigenschaften von Zins und Zinseszins nicht vereinbar. Genug ist nicht genug, es muß mehr und immer mehr sein. Aber wie? Oder anders gefragt: Wie lassen sich Menschen dazu bringen, gegen die Prinzipien der Natur und des Lebens zu handeln?

Die erste Falle ist dort aufgestellt, wo Lebenszyklen durch Mode verkürzt werden. Was jemand heute hat, soll ihm möglichst bald schon nicht mehr gefallen. Davon sind mittlerweile alle Lebensbereiche betroffen. Autos, Möbel, Smartphones, Küchengeräte – einfach alles soll immer hip und schön sein. Bezüglich der Kleidung hat das hierzulande absurde Formen angenommen – in den deutschen Schränken befinden sich schätzungsweise 5,2 Milliarden Kleidungsstücke, von denen 40 Prozent selten bis nie getragen werden –, besonders wenn man bedenkt, daß die meisten Kleidungsstücke nach nur einem Jahr in den Müll geworfen werden.

Die zweite Falle läßt sich mit einem Beispiel gut erklären: So real wie die von einem Schreiner in seiner Werkstatt erbrachte Leistung ist auch der Bedarf einer Familie, an einem soliden Eßtisch zu frühstücken. Wenn aber der Lebenszyklus dieses Tisches über Generationen von Menschen reicht, läßt sich das mit dem Wachstumsdruck nicht vereinbaren, mit dem der Schreiner – um seinen Absatz zu steigern – zur Produktion von eben nicht mehr so langlebigen Tischen gezwungen wird, weil er mit guter Arbeit paradoxerweise seine wirtschaftliche Existenz gefährden würde. Der Handwerker in unserem Beispiel wird also nicht mehr so qualitativ hochwertig arbeiten, wie er es eigentlich könnte. Dieses Prinzip ist auch in den allergrößten Herstellungsprozessen etabliert. In riesigem Maßstab wird industriell so produziert, daß konstruktiv ein Verschleißdatum vorgegeben wird. Man spricht diesbezüglich von der „geplanten Obsoleszenz", was bedeutet, daß Ihr Drucker z.B. nach so und so vielen Ausdrucken nicht mehr funktioniert und auch nicht mehr zu reparieren ist. In den großen und größten Firmen sind bestausgebildete Leute damit beschäftigt, ihr ganzes Wissen und Können dafür einzusetzen, schlechte Produkte zu entwerfen und herzustellen. Ich finde das wirklich irre!

Die dritte Falle ist dort aufgestellt, wo es um den schönen Schein geht, in dem vielerorts die Überfülle erglänzt. Was jemand hat, gibt vermeintlich Zeugnis von seinem Erfolg oder Mißerfolg. Hohes Einkommen, teure Kleidung, erlesener Schmuck, die eigenen vier Wände – Zeichen des äußeren Reichtums, mit denen Menschen sich interessant zu machen verstehen. Zwar hat eine Studie in den USA jüngst zutage gebracht, daß in der jungen Generation der 30 – bis 35jährigen der Anteil derer wächst, die auf persönliches Eigentum an teuren Gütern zunehmend verzichten (man spricht bereits von einer „generation of renters"), aber signifikant ist diese Entwicklung noch nicht. Der psychologische, zu einem gewissen Wohlgefühl führende Effekt, sich möglichst viel leisten zu können, bestimmt auch gegenwärtig noch das Handeln von zu vielen Menschen. Und so belehrte kürzlich ein bekannter Trainer die Teilnehmer seines Verkaufsworkshops über die einzigen drei Möglichkeiten, Umsätze zu steigern: Kunden gewinnen, ihnen mehr verkaufen, als sie eigentlich haben wollen, Folgegeschäfte generieren. Das funktioniert aber nur bei einer in die Überfülle verliebten Klientel.

Der Abschied von der Realwirtschaft hat sich bereits bis hin zu einem kümmerlichen Rest ereignet. Von der global umlaufenden Geldmenge werden nur noch weniger als vier Prozent für die Vergütung realer Leistungen des täglichen Lebens verwendet. Alles andere Geld dient der Spekulation im Markt der Aktien, Währungen und Derivate. Für die meisten Menschen unbemerkt hat sich das ganze Geschehen so hochgeschaukelt, daß sogar den Zockern selbst mittlerweile schwindelig wird. Der Zusammenbruch des immer fragileren Finanzmarkts ist nicht nur möglich, sondern durchaus wahrscheinlich. Darum werden bereits neue Investitions- und Spekulationsfelder aufgetan – und wieder bekommen die meisten Menschen von den dahinter wirkenden Absichten nichts mit.

Trautes Heim, Glück allein?

Gegenwärtig wird von den Banken in Deutschland eine Politik der niedrigen Zinsen verfolgt. Der Erwerb von Immobilien wird angekurbelt, was den Markt zu einem Markt der Verkäufer macht: Die gestiegene Nachfrage steigert die Verkehrswerte teilweise weit über die tatsächlichen Sachwerte hinaus. Daß dadurch der Zinsvorteil neutralisiert wird, ist nur den wenigsten klar. Hinzu kommt, daß nun auch hierzulande Kredite von 120 Prozent der (überteuerten) Immobilienwerte vergeben werden. Was meinen Sie, warum das geschieht? Sie werden schnell erkennen, daß man nun auch in Deutschland mit den gleichen Methoden wie einst in den USA ganz bewußt eine Immobilienblase aufbaut. Sollte der Irrsinn hierzulande dennoch nicht in die Katastrophe führen?

Die Superreichen haben auch für sich selbst das „Betongold" entdeckt. Selbst wenn der unwahrscheinliche Fall des Zusammenbruchs des globalen Geldsystems einmal eintreten sollte („unwahrscheinlich" war bis 1986 auch der SuperGAU in einem Atomkraftwerk), sind die in Immobilien investierten Kapitalien ja keine liquiden Mittel. Die Wellen des Zusammenbruchs würden sie darum nicht treffen, denn sie sind kein Geld mehr, sondern Beton und Eigentumsrechte, die von einem totalen Wertverlust der Standardwährungen verschont blieben. Das löst, weil es dem Sicherheitsbedürfnis der Menschen entspricht, Investitionswellen aus, die den Immobilienmarkt für alle Zeiten verändern. Man könnte sagen: Superreiche kaufen sich zur Zeit die Welt! Wie das?

In Oxford beispielsweise ist der Medianwert einfacher Einfamilienhäuser in wenigen Jahren von drei durchschnittlichen Jahreseinkommen auf elf gestiegen. Fast niemand unter den Normalverdienern kann es sich mehr leisten, in Wohneigentum zu leben. Das aber entspräche der Gewohnheit in Großbritannien, die gegenwärtig gezielt verändert wird: Im Jahr 2032 sollen die meisten Menschen schließlich in gemieteten Wohnungen und Häusern leben, die sich im Eigentum weniger Superreicher befinden. London ist unter diesen Vorzeichen für Normalverdienende schon nahezu unbewohnbar geworden, so hoch sind die Mieten bereits. Ausländische Spekulanten, vornehmlich aus Rußland, China und dem Nahen Osten, treiben die Preise in die Höhe; bereits 70 Prozent aller neuen Immobilienobjekte wurden von ihnen gekauft. Sogenannte „Soziale Säuberungen" ermöglichen den Abriß günstiger Wohnungen, um Platz für die neuen Paläste zu schaffen. Mutmaßlich führt die aktuelle Entwicklung zurück in alte viktorianische Verhältnisse. Das weiß auch Kevin Green, ein Immobilientycoon der neuen Sorte, der in Seminaren und Workshops für künftige Millionäre predigt, daß man sich seines Reichtums bloß nicht schämen soll, und feststellt: *„Wer einmal Erfolg hatte, der will immer mehr davon!"* Im folgenden Kapitel (*Privatisierte Dörfer, Städte und Regionen*) wird es gleich noch darum gehen, wie auf solchen Wegen gar komplette private Städte und Regionen geschaffen werden.

Thomas Piketty (2014) (Ausschnitt)

Die Entwicklung brutaler Umverteilung führt dazu, daß die Mittelschicht verschwindet. Die „Sanduhr-Gesellschaft" zeichnet sich immer mehr als Wirklichkeit ab. Das aber zerrüttet das soziale Gefüge unserer Gesellschaft, und sogar der Kapitalismus gerät in der Folge in Gefahr. Thomas Piketty, selbst Milliardär, weiß um diese Gefahr und beklagt die diesbezügliche Untätigkeit der Parlamente. Und er fordert sogar hohe Vermögenssteuern, denn nur so könne die Stabilität der Staaten – ergo auch die Basis der Supervermögen – gesichert werden. Der Milliardär und Risikofinanzier Nick Hanauer, Bettwarenfabrikant und Leadinvestor von Amazon, verbreitet dieselbe Botschaft: Die Mittelschicht muß unter allen Umständen kurz vor ihrem Exitus noch gerettet werden. Sie ist der Humus, in den der Superreichtum immer tiefere Wurzeln treibt. Dafür fordert er z.B. erbittert die Anhebung des Mindestlohns in den Vereinigten Staaten auf 15 Dollar die Stunde, weil er weiß: Nur wenn viele Menschen viel konsumieren, bleibt der monetäre Zustrom zu den Superreichen gewahrt.

In nicht weit zurückliegenden Zeiten glaubten die Menschen in der Nachkriegswelt der 1950er bis 1970er Jahre noch fest daran, daß persönliches Eigentum die Teilhabe an jenem Wohlstand sichern könnte, der auf der Nordhemisphäre der Erde wie von Geisterhand gesteuert wuchs und wuchs. Der ansehnliche Besitz an Gut und Gütern schien für alle und jeden erreichbar. Nötig waren dafür nur unablässiger Fleiß und Sparsamkeit. Das sorglose Leben schien stets in greifbarer Nähe zu sein. Heutzutage hat sich an dieser Grundeinstellung wenig geändert, aber die Bedingungen sind gänzlich andere geworden. Wer sich heute anschickt, ein Vermögen aufzubauen, das noch vor wenigen Jahrzehnten mit einem überschaubaren Teil einer einfachen Lebensleistung durchaus erreichbar war, tappt in eine Falle. Es ist wie mit dem Kaugummi: Auch die Erfindung einer auf immer höheren Schulden aufgebauten Bereicherungsmaschinerie ist von den USA nach Europa geschwappt. Wie gesagt: Hier und heute finanzieren Banken Immobilienkäufe auch ohne vorhandenes Eigenkapital mit Krediten von 120 Prozent der weit überhöhten Preise. Bis zur gänzlichen Tilgung vergeht für Normalverdienende ein Zeitraum, der über das aktive Erwerbsleben schon mal hinausreicht. Junge Eltern verpfänden also bei Aufnahme des Darlehens sogar noch ihre Rente. Das verändert das Klima des Zusammenlebens in seinen Tiefenschichten.

Spekulative Geschäfte mit nichts

Wem gehört die Welt? Sofern die Frage sich auf das bislang in Geldwerten erfaßte Weltvermögen bezieht, befinden sich 86,7 Prozent davon im Eigentum der reichsten zehn Prozent. Das läßt aufhorchen. Aber es kann noch genauer analysiert werden, was zum Ergebnis führt, daß 85 Menschen 50 Prozent des Weltvermögens ihr eigen nennen. 85! Besonders in den vergangenen 40 Jahren ist eine Schicht von Superreichen entstanden, denen Milliarden Superarme gegenüberstehen. Die arme Hälfte der Weltbevölkerung muß sich mit dem Eigentum an lediglich einem Prozent des Weltvermögens zufriedengeben. Im *Citigroup-Report* (Kapur, Ajay, Niall Macleod, Narendra Singh: *Plutonomy: Buying Luxury, Explaining Global Imbalances*) aus dem Jahr 2005 taucht ein Begriff auf, der die gewollte und geförderte Entwicklung der Weltbevölkerung hin zur „Sanduhr-Gesellschaft" bezeichnet: Plutonomie. Mit diesem Terminus ist die Theorie verknüpft, nach der die ökonomische Gesamtentwicklung von der superreichsten Minderheit getrieben wird (in meinem Buch *Arm und Reich – Die Spaltung von Welt und Leben*, erschienen als FLENSBURGER HEFT Nr. 123, gehe ich im Kapitel über *Die Gewinner-nehmen-alles-Ökonomie* darauf ausführlich ein).

Um die ökonomische Entwicklung derart zu treiben und um sich selbst immer mehr bereichern zu können, hat man sich, besonders beginnend in den 1970er Jahren, die Tatsache zunutze gemacht, daß auch bloße Forderungen, also gewissermaßen „Noch-nicht-Geld", Teile des Vermögens sind. In einer Bilanz ist eine Forderung, wenn man es realwirtschaftlich betrachtet, immer eine Luftnummer. Sagen wir es etwas überspitzt: Sie ist ein justiziabel gemachter Konjunktiv. Mit einer Forderung wird lediglich ausgedrückt, daß unter der Voraussetzung der Begleichung durch einen Schuldner eine gewisse Geldsumme als Vermögen wirklich zur Verfügung stünde – nicht „steht".

Stellen Sie sich zum Verständnis einmal vereinfacht vor, daß Sie beim nächsten Einkauf „anschreiben" lassen. Das bedeutet, daß Sie den Rechnungsbetrag erst später begleichen wollen, was als Möglichkeit früher noch üblich, heutzutage in dieser Form im gewöhnlichen Alltag eher selten geworden ist. Dann hat der Ladenbesitzer sich auf einem Zettel notiert, daß Sie ihm z.B. 35,85 Euro schulden. Das ist eine Forderung, die in der Buchhaltung des Ladens als Teil des Vermögens erscheint.

Wie wäre es, wenn der Ladenbesitzer nachher mit diesem Zettel seinen Lieferanten bezahlt, der sich zur Begleichung der Schuld hernach an Sie, also nicht an den Ladenbesitzer, wendet? Noch überschaubar, nicht wirklich kompliziert! Nun könnte es so sein, daß Sie damit einverstanden waren, daß Ihre Forderung mit z.B. fünf Prozent per Jahr verzinst wird. Sollten Sie dann erst nach einem Jahr die Schuld begleichen, müßten Sie 37,65 Euro zahlen.

Nun schauen wir einmal auf ein anderes Beispiel mit einem wesentlich höheren Geldbetrag: Jemand kauft sich ohne Eigenkapital ein Haus für 250.000 Euro, wofür er von einer Bank 300.000 Euro (120 Prozent; siehe oben) bekommt, die mit 2,5 Prozent per Jahr verzinst werden. Wenn dieser Jemand nun jedes Jahr 10.500 Euro an die Bank zahlt (Zins und Tilgung), würde er in 51 Jahren bis zur vollständigen Rückzahlung des Darlehens etwa 230.000 Euro allein an Zinsen gezahlt haben. Einen solchen Zinsanspruch kann eine Bank einer anderen Bank, einem Fonds o.ä. (evtl. für weniger als 230.000 Euro, weil sie dafür das Geld nicht erst nach 51 Jahren, sondern sofort hat) verkaufen. Und genau das geschieht weltweit in großem Stil – in immer länger werdenden Handels- und Spekulationsketten.

Die Welt war in den 1970er Jahren ökonomisch an eine Grenze geraten. Die Energiekrise, die der Weltbevölkerung eindrücklich die Abhängigkeit vom Öl vor Augen führte, war eine der Signaturen der eingetretenen ernsten Lage. Aber auch die Aufbaujahre der Nachkriegszeit waren vorbei, das Wirtschaftswunder war kraft- und saftlos geworden. Neue Modelle und Methoden mußten her, um die kapitalistische Entwicklung weiter auf Touren halten zu können. In dieser Zeit begann der Aktienmarkt bis zum Anschlag zu boomen. Ein gewisser Robert Dall, den man „Mastermind der Mortgage-backed Bonds" (hypothekenbesicherte Wertpapiere) nennt, kam schließlich 1977 auf eine Idee, die die Welt in Windeseile zu einer ganz anderen gemacht hat: Er erkannte, daß sich mit Schulden vortrefflich spekulieren läßt, und bündelte dafür, als Partner der Investmentbank Salomon Brothers, Hypotheken (größtenteils auf Einfamilienhäuser) im Wert von 100 Millionen Dollar. Mit diesem vergleichsweise kleinen Paket begann ein bis dahin unbekannter Handel mit darauf bezogenen Wertpapieren.

Da der Erwerb von Immobilien als Ausdruck des „american way of life" staatlich gefördert worden war, konnte der Gesamtumfang der Kreditsumme von 55 Milliarden Dollar im Jahr 1950 auf 700 Milliarden im Jahr 1976 ansteigen. Seit damit begonnen wurde, die Idee von Robert Dall umzusetzen, explodierte diese Summe geradezu in nur vier weiteren Jahren auf einen Gesamtbetrag von 1,2 Billionen im Jahr 1980. Eine Blase blähte sich immer weiter auf. Der Immobilienmarkt hatte nun den Aktienmarkt überflügelt und war zum größten Kapitalmarkt der Welt geworden.

Logo der Citigroup Inc.

© PC Citibank Inc

Faktisch bedeutet das, daß zahllose Menschen gezielt und skrupellos in immer höhere Verschuldungen getrieben wurden. Das entsprach der ausdrücklichen Geschäftspolitik der Citigroup (die übrigens „Salomon Brothers" im Jahr 1998 aufkaufte), die im Geschäftsbericht aus dem Jahr 2005 noch beruhigte, daß soziale Unruhen kein Grund zur Sorge seien. Bereits zwei Jahre später platzte das Ganze, Millionen vordem gutsituierte Menschen verloren alles Hab und Gut und landeten in bitterer Armut auf der Straße. Die böse Ironie in allem: Zur Rettung „systemrelevanter" Banken wurden hernach von den Staaten auch noch 1.600 Milliarden Dollar gezahlt – die direkt in die Taschen der superreichen Bankeigner geflossen sind. Und statt aus dem Schaden klug geworden zu sein, wird dieses „Spiel", auch in Deutschland, gegenwärtig immer weiter gespielt. Der Kampf ums Überleben ist unter uns Menschen das dazu gehörige Folgephänomen.

Was für ein Leben!?

Robert Misik (2015)

Ob das sinkende Schiff namens Wohlstand noch zu retten ist, weiß heutzutage niemand mehr genau zu sagen. Seit 1986 der Bankenmarkt dereguliert wurde, ist die Büchse der Pandora erst richtig geöffnet. Die Zeichen stehen weiter auf Sturm. Der Journalist Robert Misik analysiert die Schwachstellen des nur scheinbar perfekten Kapitalismus mit Blick auf die offensichtlichen Krisenereignisse der vergangenen Jahre und konstatiert: *„Niedriges Wachstum, stockende Produktivitätszuwächse, ein Aufblähen der Finanzmärkte, ein Anwachsen der Ungleichheit, explodierende Kreditvergabe, was ja auch hieß, daß der stockende Konsum durch Verschuldung befeuert wurde, was freilich, wenn das Wohlstandswachstum damit nicht mithält, ein Strohfeuer ist. Man hat Zeit gekauft.“* (Quelle: heise.de) Was aber wird sein, wenn die gekaufte Zeit verstrichen ist? Wie können wir uns sinnvollerweise heute schon auf das noch weitgehend unvorstellbare Danach vorbereiten?

Die Bedingungen, unter denen wir Menschen unser Leben führen, sind sehr verschieden. Schon die Herkunft entscheidet, welche Chance aufs Überleben und auf ein einigermaßen selbstbestimmtes Gestalten seiner bzw. ihrer Biographie jemand überhaupt hat. Heinz Bude, ehemals Soziologe am Hamburger Institut für Sozialforschung, spricht diesbezüglich von der „Statusfatalität" und stellt fest, daß sich seit der jüngsten Vergangenheit in Deutschland faktisch ein Kastensystem entwickelt hat, in dem die Menschen von Geburt an gefangen sind. Die Verhältnisse, in die jemand hineingeboren wird, werden mit großer Wahrscheinlichkeit diejenigen sein, in denen er bzw. sie sein bzw. ihr gesamtes Leben verbringt. Die Entwicklung der äußeren

Verhältnisse hat eine Gesellschaft hervorgebracht, in der die Chancen ungleich verteilt sind. Daran ändert auch das Bildungssystem nichts. Die Zahl der Abiturientinnen und Abiturienten ist in Deutschland seit den 1950er Jahren zwar von acht auf über 50 Prozent angestiegen, aber es gibt andererseits derzeit auch 500.000 Jugendliche, die einen Schulabschluß verweigern, weil sie hinterher nicht wirklich selbst bestimmen können, welchen Beruf sie dereinst ausüben werden. Bloß als „Leistungsverweigerer" diskriminiert, bringen sie in ihrem Verhalten nur zum Ausdruck, was auch für alle anderen jungen Menschen gilt, die nach dem Abschluß der Schule eher eingegleist als befreit ihren Weg ins aktive Erwerbsleben betreten.

Frithjof Bergmann (2009)

Die meisten Menschen tun heutzutage in ihrem Erwerbsleben nicht das, was sie – wie der Philosoph und Begründer der New-Work-Bewegung Frithjof *Bergmann* es nennt – „wirklich, wirklich wollen". Das hat seinen Grund darin, daß menschliche Arbeitskraft längst nicht mehr für die Akkumulation des Kapitals ursächlich ist. Durch die systembedingte Aufblähung der Kapitalmärkte sind arbeitende Menschen zu Rädern im Getriebe geworden, die austauschbar sein sollen und sind. Der Sinn der Arbeit findet sich für das System zur Funktion und für den einzelnen Menschen zum notwendigen Übel degeneriert. Die im 19. Jahrhundert populäre Theorie des Sozialdarwinismus gilt für den wissenschaftlichen Diskurs mittlerweile zwar als obsolet, aber für die Idee, daß menschliches Verhalten einem regelrechten Kampf ums Dasein gleicht, liefert die Jetztzeit immer bessere Belege. Die Regeln, die der Mensch für das Leben auf Erden schuf, sowie der Drang, schließlich sogar auch die lebendige Mitwelt zu verzwecken und zu monetarisieren, schlagen unweigerlich immer mehr auf ihn selbst zurück.

Wachstum um jeden Preis bedingt ein Konsumverhalten, das wenig verantwortlich, sondern in bedenklichem Maße verschwenderisch ist. Wenn unsere Wirtschaft jährlich um drei Prozent wachsen würde, müßten wir in 25 Jahren doppelt soviel konsumieren. Wenn wir uns das ganz praktisch vorstellen, werden wir schnell erkennen, daß das nicht geht. Aber „das System" treibt uns alle auf genau dieses Ziel zu. Dabei werden bereits jetzt in Deutschland alljährlich z.B. 6,7 Millionen Tonnen Lebensmittel und 800.000 Tonnen Kleidung in den Müll geworfen. Soll sich diese Hochgeschwindigkeit des Verbrauchs noch weiter beschleunigen? Wann erreichen wir den Moment, in dem die Welt uns Menschen absolut nicht mehr erträgt? Und was geschieht dann? An welchen Folgen werden wir bemerken, daß wir seit Jahrzehnten weit über das Maß des Verträglichen hinaus gelebt haben?

Daß wir den Gipfel des Wachstums bereits hinter uns haben, können wir ahnen. Die klassischen Märkte sind längst gesättigt. In den wichtigsten Industrienationen sinken die Wachstumsraten, und sie hätten längst stagniert, wären da nicht die Exportgeschäfte in Schwellenländer, deren Volkswirtschaften noch nicht jenes Verbrauchslevel erreicht haben, auf dem wir es uns hierzulande bequem gemacht haben. Perspektivisch geht es zunächst einmal darum, ob wir für uns Lebens- und Wirtschaftsverhältnisse denken können, die ohne Wachstum auskommen. Eigentlich ist das nicht besonders schwer; denn die Natur, auch unsere eigene, liefert dafür ja unendlich viele Beispiele. Alles Lebendige ist irgendwann erwachsen – um hernach sogar wieder zu vergehen. Also nicht nur das Ende des Wachstums, sondern sogar der sukzessive Verfall eines einmal Gewordenen wird uns vor Augen geführt, wenn wir uns der Phänomene natürlichen Lebens und Wirtschaftens annehmen. Ob und wieweit wir das nicht nur theoretisch begreifen, sondern auch praktisch zur Entwicklung von Leitlinien bezüglich unseres wirtschaftlichen Verhaltens machen, liefert einen Beitrag zum Bilden einer Welt, in der auch noch künftige Generationen leben können.

Privatisierte Dörfer,
Städte und Regionen

Prinzipiell fühlt sich jeder Mensch in einer Umgebung besonders dann wohl, wenn sie nach seinem persönlichen Geschmack gestaltet ist. Die unmittelbare äußere Umgebung eines Menschen kann ein Abbild seiner inneren Welt sein. Klar-funktional, romantisch-verspielt, künstlerisch-anspruchsvoll; eigentlich sind der Möglichkeiten viele. „Eigentlich", weil der freien Entfaltung der Persönlichkeit nicht nur natürliche Grenzen gesetzt sind. Jede Lebensart prägt den betreffenden Menschen und macht ihn in der Folge zum Angehörigen einer bestimmten Gruppe. Bekenntnisgemeinschaften finden sich mittlerweile nicht mehr nur in kirchlichen Zusammenhängen. Präferierte Naturkost, das Gefallen an ausgefallenen modischen *Accessoires,* das Engagement für den Naturschutz oder gegen Freihandelsabkommen, die Liebe zu schnellen Autos oder asiatischen Techniken zur Selbstverteidigung ... – vieles führt Menschen zu Gruppen zusammen und separiert sie von anderen Gruppen.

Vermutlich gab es noch nie eine Epoche, in der die Gegensätze von Interessen und Präferenzen so hart aufeinandergeprallt sind wie heute. Dabei geht es nicht nur um Theorien, sondern um ganz konkrete Lebensmodelle, die alle für sich ihren Raum beanspruchen. Konflikte sind darum nicht zu vermeiden: Nachbarn müssen den mit Gemüse bepflanzten Balkon nicht unbedingt schön finden. Der Anblick von Autos zum Preis von ganzen Einfamilienhäusern weckt Neid. Das Leben unter prekären Bedingungen führt zur sozialen Isolation. Die Verknappung von Gelegenheiten zur Erwerbsarbeit schürt Rücksichtslosigkeit. Es charakterisiert unsere Jetztzeit, daß wir die Verhältnisse, in denen wir zu leben haben, nicht mehr wirklich in Gänze verstehen und bejahen können. Es ist bald jedem irgendwann von allem einfach zuviel! Darum streben wir danach, uns jedenfalls einen kleinen Ausschnitt des Lebens ganz zu eigen machen zu können. Und man sehnt sich nach Ruhe und Übereinstimmung mit möglichst vielen anderen Menschen im unmittelbaren Lebensumfeld. Der Entschluß eines Paares, schließlich auch zusammen wohnen und leben zu wollen, hat ebenso mit dem menschlichen Grundbedürfnis nach gelebter Zusammengehörigkeit zu tun, wie es auch dort der Fall ist, wo nicht nur kleine Wohnungen zu Orten gemeinschaftlichen Lebens werden.

Der Ausstieg aus dem allgemeinen Mainstream ist ein vogue wie nie. Die Menschengemeinschaft zerfällt insgesamt immer mehr. Gruppen und Grüppchen bilden sich, die, vorher verarmt, an den Rändern der Gesellschaft zusammengerottet werden, oder, an der anderen Seite der Gesellschaft, im Megareichtum schwelgend, für sich schließlich exterritoriale Kolonien des ungestörten Zusammenlebens schaffen. Schauen wir uns an, was daraus inzwischen alles werden kann.

Genug von „allem"

Je umtriebiger es in der Welt des Alltags zugeht, je zahlreicher die Notwendigkeiten und Möglichkeiten zur Orientierung im hochbeschleunigten Saus-und-Braus werden, desto mehr nimmt bei immer mehr Menschen das Bedürfnis zu, mit Gleichgesinnten auch einmal ganz unter sich sein zu können. Die Sehnsucht nach ungestörter Entfaltung des eigenen Lifestyles motiviert dazu ebenso wie auch das Bedürfnis nach Schutz vor Neidern und Kritik. Schon immer haben in städtischen Ballungsräumen sozioökonomische Entwicklungen zur Separation der Einwohnerschaften geführt. Reiche und Arme leben aufgrund der Gentrifizierung („Strukturwandel in Großstädten durch Abwanderung ärmerer und Zuwanderung reicherer Menschen") schnell für sich. Aber wirklich abgeschottet ist ein Kiez deshalb noch lange nicht. Er ist zwar faktisch ein fast exklusiver Lebensraum einer ganz bestimmten Bevölkerungsgruppe, bleibt aber dennoch als öffentlicher Raum bestehen, der grundsätzlich allen offensteht. Das abgeschottete Zusammenleben innerhalb bestimmter Gruppen kann sich darum immer nur unter den Vorzeichen mehr oder weniger starker Einschränkungen ereignen.

Unserem gewohnten Verständnis nach sind in einem Staat alle Menschen idealiter gleichberechtigt und -verpflichtet. Das persönliche Leben entfaltet sich stets im Gemeinsamen, und die Gemeinschaft bleibt immer um das Wohl der einzelnen besorgt. Damit das gewährleistet ist, gibt es Bildungs- und Kultureinrichtungen, gesetzliche Normen und Systeme zur Versorgung mit dem alltäglich allgemein Notwendigen. Jede Entfaltung individueller Freiheit ereignet sich in diesem demokratisch legitimierten und kontrollierten Rahmen. Das liefert die Grundlage für Gemeinde, Stadt, Staat, Land und Nation. Sogar eine Staatengemeinschaft kann so organisiert sein. Aber wir leben auch in einer Zeit, in der die Vorgänge alltäglichen Lebens, die zu höchst komplexen geworden sind, mit voller Wucht auf ebenfalls hochgradig individualisierte Lebensmodelle treffen. Die dadurch entstehende Gemengelage ist nicht mehr für alle Menschen erträglich, denn irgendwann ist es vom Gemeinsamen – von Stadt, Staat, Welt, Wirtschaft und Politik – einfach zuviel. Die Zahl der Überdrüssigen und Aussteiger nimmt zu, und das kann sich – schneller, als wir glauben – zu einer ernsten Gefahr auswachsen!

Das Phänomen, daß Menschen sich von der Lebensart des Mainstreams verabschieden, galt vor wenigen Jahrzehnten noch als belächeltes Nischenphänomen. Damals, in den 1970er und 1980er Jahren, waren es wenige Hippies, Esoteriker oder Superreiche, die sich von der Masse verabschiedeten, um ihrer „Klasse" gemäß leben zu können. Gesamtgesellschaftlich waren solche Eskapaden nicht sonderlich relevant. Und man konnte darauf setzen, daß die Sonderlinge irgendwann, „vom Schicksal eingeholt", zum regelkonformen Leben zurückkehren würden. Die Hippies von einst fahren heute im SUV (*Sport Utility Vehicle*, Geländelimousine) zum Einkaufen, die Esoteriker tafeln in noblen Restaurants mit veganer Küche, und die Superreichen bekommen trotz allem Krebs. Die wenigen von damals, die ihren Prinzipien treu geblieben sind, bestreiten ihren Lebensunterhalt heutzutage nicht selten – nach wie vor im Abseits des gesellschaftlichen Lebens – unter prekären Bedingungen.

Zu Beginn der neuen Epoche, deren Beginn wir gegenwärtig erleben, sind es allerdings nicht mehr das instandbesetzte Haus, der Ashram in Indien oder der barock gestylte Resthof an der Ostsee, die von einer ausstiegswilligen Minorität zum Genuß ihrer exklusiven Lebensart erwählt werden. Es sind nicht mehr Redskins, Sannyasins oder gealterte Ex-Fabrikanten, die – unter ihresgleichen –, vom Rest der Gesellschaft ungestört, Autonomie zelebrieren. Heutzutage hat eine Elite das Ruder des Ausstiegs übernommen, die ganze Stadtteile, Städte und bald vielleicht sogar komplette Länder in Territorien verwandelt, in denen die bekannten demokratisch legitimierten Regeln nicht mehr gelten und in denen sich der Alltag nur noch unter den selbstgewollten Vorzeichen ereignet. Die Entwicklung dieses neuen Phänomens hat sich weitgehend unbemerkt schon bis hin zu einem Grad der Entfaltung ereignet, der staunen läßt.

Gated communities

Das Boot mit den Anglern dümpelt auf dem spiegelglatten Wasser des Canyon Lake – mit seinen über zwei Quadratkilometern Fläche und einer Küstenlinie von 24 Kilometern einer der größten Freizeitseen in Südkalifornien. Das Besondere: Der See und die Stadt, zu der er gehört, sind privat! Rund um die Uhr sorgen Sicherheitskräfte dafür, daß

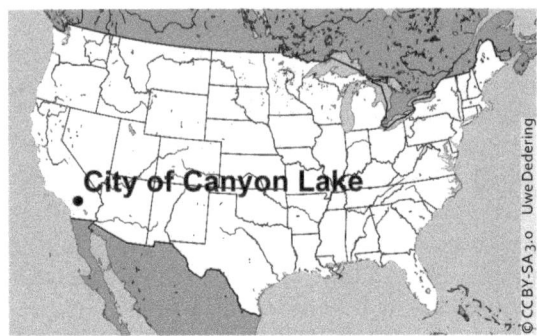

Lage von City of Canyon Lake

Lage von Sandy Springs (Georgia)

nur angemeldeter Besuch durch die Checkpoints gelangt. Nachdem der Ort Canyon Lake 1968 von einer Planungsgesellschaft entwickelt worden war und in einem Bauboom in den 1980er Jahren die meisten Häuser entstanden waren, wurde die private geschlossene Wohnanlage 1990 offiziell zur „City". Es geht den rund 11.000 Leuten gut in ihrer eigenen Stadt. Das durchschnittliche Haushalts-Jahreseinkommen liegt bei 68.227 USD (Verteilung: 36 Prozent unter 50.000 USD, 52 Prozent 50.000 bis 100.000 USD, 12 Prozent 100.000 bis 500.000 USD). Mit 70,6 Prozent ist der Anteil der „Non Hispanic"-Weißen an der Bevölkerung – Canyon Lake befindet sich nahe der Grenze zu Mexiko – doppelt so hoch wie in der Riverside-County-Region, zu der die Stadt gehört. Man ist also wirklich unter sich, in dieser superheilen Welt des amerikanischen Traums vom Leben, in der die allermeisten (über 80 Prozent) im eigenen Einfamilienhaus leben (das Platzen der Immobilienblase im Jahr 2007 drückte allerdings schlagartig den durchschnittlichen Verkehrswert der Häuser von vorher jeweils 405 TUSD auf 262 TUSD).

Zehnmal größer als das kalifornische Canyon Lake ist die ebenfalls fast vollständig privatisierte Stadt (Polizei, Feuerwehr und Justiz sind noch ausgenommen) Sandy Springs im US-Bundesstaat Georgia mit ihren fast 100.000 Residents. Auch ihnen allen geht es finanziell deutlich besser als all den anderen im Fulton County. Wie in Canyon Lake ist auch hier das Pro-Kopf-Einkommen doppelt so hoch wie anderswo. Unter-

Haupteingang zu Canyon Lake

nehmen wie United Parcel Service, Newell Rubbermaid, First Data, IBM oder Cisco Systems sichern mit ihren Niederlassungen in Sandy Springs die üppige Basis materiellen Wohlstands.

Das Konzept, den Staat aus dem Leben einer Stadt zu verbannen, stößt auf zunehmendes internationales Interesse. Oliver Porter (*The Man Who Outsourced the Government*) ist einer derjenigen, die die Privatisierung von Sandy Springs vorangetrieben haben. Seine dabei gemachten Erfahrungen gibt er inzwischen in Vorträgen in Japan, Island, Lateinamerika und Großbritannien weiter. Das Modell dieser Spielart der „Public-Private Partnership (PPP)" wird weltweit immer häufiger nachgeahmt!

In Zeiten des Superreichtums sollte man auch dann nicht klekkern, sondern klotzen, wenn es nicht mehr nur um noble Häuser, Siedlungen oder Dörfer geht: Ganze Städte müssen und sollen es heutzutage sein! Mitten im englischen Liverpool hat sich das Immobilienunternehmen Grosvenor mit einem Pachtvertrag über 250 Jahre den Besitz an „Liverpool One" gesichert. Die ganze Gegend mit 34 Straßen und öffentlichen Plätzen ist ebenso privatisiert wie Teile von Bristol, Leicester und London (Stratford City). Es sind private Städte in Städten entstanden, in denen nicht mehr

Blick in die South John Street von Liverpool One

jeder Mensch leben kann und darf und in denen das Leben nach eigenen Regeln organisiert wird.

In den USA, in denen es sich bereits bei 40 Prozent der planmäßigen Siedlungskomplexe um Gated Communities handelt, weiß man, daß die Communities u.U. bald zu ganzen Städten mutieren. Canyon Lake ist dafür eines der bekannten Beispiele. Mit solchen Privatstädten verändert sich schließlich das Gefüge einer ganzen Metropolregion: Die Minderheit in der abgeschotteten Enklave will und wird schnell nichts mehr mit der Mehrheit rundherum zu tun haben.

Lage von Honduras

Ist das Leben erst einmal gründlich aus den Fugen geraten, macht die eingetretene Not für die noch ungewöhnliche Idee empfänglich: Der zentralamerikanische Staat Honduras, einer der gefährlichsten der Welt, hat 2012 beschlossen, drei private Stadt-Staaten mit eigenen Gesetzen, Gerichten und Polizei errichten zu lassen, um der verfahrenen chaotischen Lage im Land Herr werden zu können. Der Beitritt zu internationalen Handelsabkommen und eine eigene Einwanderungspolitik sind den künstlichen Privatstaaten ebenfalls vollständig autonom möglich. Das Konzept solcher „Charter Cities" stammt vom US-amerikanischen Ökonomen Paul Michael Romer, der darin für wachstums- und strukturschwache Länder ein probates Mittel zur Armutsbekämpfung sieht.

Autonome Privatstaaten mit eigener Legislative, Judikative und Exekutive? Ein Traum für alle Investoren; denn was heute noch nicht rechtens ist, kann dort morgen schon lupenrein legalisiert sein! Das schafft ungeahnte Möglichkeiten (Romer: *Kanada entwickelt ein Hongkong in Kuba.*) für monetäre Expansion durch ökonomische Konzentration. In der neuen Welt wird alles Unpassende passend gemacht.

In den Jahren des ausgreifenden wirtschaftlichen Aufschwungs in den letzten Jahrzehnten des vergangenen Jahrhunderts ging es in Deutschland so ruhig und gelassen zu wie in einer luxuriösen Hotelan-

Paul Michael Romer (2005)

lage. Alle hatten von allem genug, und es wurde erfreulicherweise immer mehr. Allen standen die Tore zu diesem Schlaraffenland offen. Konsumgüter waren immer mehr zu haben, mit Fleiß und ein wenig Chuzpe war ein hübsches Vermögen zu machen. Daß das alles irgendwie doch nur auf Pump geschah, und mit welchen Folgen, sahen wir im vorangegangenen Kapitel (*Die Macht des Geldes*) bereits. Und das vermeintliche Glück war tatsächlich nur von kurzer Dauer. Bereits zur letzten Jahrtausendwende war es schon unübersehbar geworden, wohin die Reise wirklich geht:
Immer mehr Menschen gerieten von der Bahn materiellen Wohlstands ab, eine neue Form der Armut begann sich auszubreiten. Billigjobs, zu knappe Renten, steigende Mieten bei immer knapperem Wohnraumangebot, Vernichtung regionaler Wirtschaftsstrukturen durch multinationale Konzerne, die Industrialisierung der Landwirtschaft ... – vieles sägt am Ast des einstmaligen auskömmlichen Versorgtseins. Die Konsequenz zeigt sich vielerorts in ähnlicher Weise wie im Duisburger Stadtteil Marxloh, der mit seinen 19.000 Einwohnern (und einer sechzehnprozentigen Arbeitslosigkeit) mittlerweile zu einer so problematischen Region geworden ist, daß er als „No-go-Area" gilt. Dabei ist Marxloh exemplarisch für viele Gegenden in Nordrhein-Westfalen, dem ärmsten aller deutschen Bundesländer.

Lage der Stadt Duisburg in Nordrhein-Westfalen und im Regierungsbezirk Düsseldorf

Verarmte und verwahrloste Familien, Bandenkriminalität, ausufernde Gewalt und die dadurch genährte Hoffnungslosigkeit von immer mehr Menschen gibt es in immer mehr deutschen Großstädten. Vor allem Gemeinden mit mehr als 500.000 Einwohnern sind betroffen. So nimmt es nicht wunder, daß auch Deutschland vom Trend zu Gated Communities und Privatstädten erfaßt wurde. In München und Aachen etwa gibt es die ersten Experimente mit abgeschlossenen und bewachten Luxus-Wohnanlagen. Und es gibt auch schon einige Beispiele dafür, wie sich das Zusammenleben und -wirtschaften von Gleichgesinnten in mehr oder weniger abgeschotteten Gemeinschaften gestalten läßt. Die ersten Modelle könnten durchaus zu Vorbildern für eine wirklich signifikante europa- und weltweite Entwicklung werden, die in Teilen absolut furchterregend ist.

Extremisten unter sich

Auch Islamisten folgen dem Trend zum Leben in Gesinnungsgemeinschaften und schaffen sich ihre eigenen Dörfer als quasi exterritoriale Zonen. Darin geht es allerdings nicht um die Pflege einer dem Leben dienenden Kultur, sondern darum, die gewaltsame Unterwerfung von ganzen Nationen mit den Mitteln des Terrors zu katalysieren. Ein Beispiel dafür ist das *Bergdorf* Gornja Maoča in Bosnien. Man bekennt sich dort zum Wahabismus, jener ultrakonservativen Glaubensrichtung des Islam, die in Saudi-Arabien Staatsreligion ist. Frauen sind vollverschleiert, an den Häusern hängen die schwarzen Fahnen des IS. Der Ort gilt als eines der wichtigsten Anwerbezentren der Terrororganisation in Europa. Immer wieder finden Razzien statt, bei denen jeweils Dutzende Islamisten festgenommen werden, und nicht nur hinter vorgehaltener Hand wird von geheimen Terrorcamps in unmittelbarer Nachbarschaft des Dorfes geredet.

Lage von Sarajevo und Gornja Maoča in Bosnien und Herzegowina

Daß ganze Dörfer von Islamisten beherrscht werden, ist der Gipfel einer Entwicklung, die, von den meisten unbeachtet, zuerst scheinbar harmlos in den großen Städten begann. Sarajevo, etwa 150 Kilometer von Gornja Maoča entfernt, ist eine solche Stadt. Die Religionen existieren hier wie in einem Schmelztiegel. Christen, Moslems und Juden teilen sich Straßen und Plätze. Aber es gibt auch die König-Fahd-Moschee als Zentrum der wahabitischen Szene des Landes. Sie wurde mit Geldern aus Saudi-Arabien errichtet, im Jahr 2000 fertiggestellt und gilt als die größte Moschee Südosteuropas. Hierher finden viele ihren Weg aus den sozialen und wirtschaftlichen Nischen, in die sie aufgrund von Armut und Perspektivlosigkeit im Nachkriegs-Sarajevo geraten sind. Die Lehre des extremen Islam wirkt wie ein Durchlauferhitzer für künftige Dschihadisten, und statt eines friedlichen Zusammenlebens begegnen sich die Angehörigen der verschiedenen Religionen inzwischen nicht mehr selten mit zunehmendem Mißtrauen und Angst.

Auch in Deutschland gibt es Stadtteile, in denen bestimmte Gruppen derart dominieren, daß es Menschen mit abweichender Gesinnung und Meinung dort schwer haben. Diesbezüglich ist die rasche Zunahme nationalistischer, faschistischer Lebenseinstellungen ein besonders bedenkliches Phänomen. Bei der mancherorts zu beobachtenden Segregation handelt es sich um einen schleichenden Prozeß, der irgendwann einen solchen Grad der Ausprägung erreichen kann, daß Menschen mit Migrationshintergrund oder Angehörige linker Gruppen in solchen Gegenden um ihre körperliche Unversehrtheit besorgt sein müssen. Das war schon vor zehn Jahren nicht mehr zu übersehen, als die Austragung der Fußballweltmeisterschaft in Deutschland eine (kurze) Debatte zur Ausbreitung des Rassismus ausgelöst hatte. Ebbe Chu, ein Anwalt aus Kamerun, bemerkte damals stellvertretend für viele:

„Bis ich vom Flüchtlingsheim am Bahnhof bin, habe ich mir sieben Beleidigungen anhören dürfen, jeden Tag – allerdings nur, wenn ich allein bin. Ich gucke ständig über meine Schulter, aus Angst, jemand könnte sich von hinten anschleichen und mir eins über den Schädel ziehen." (Quelle: welt.de)

Seit damals ist alles noch viel schlimmer geworden. Mit dem Begriff Fremdenfeindlichkeit wird verniedlicht, was als brutaler Rassismus gegenwärtig auf unheimliche Art durch die krude Reaktion ewig Gestriger auf die Not derer genährt wird, die als Flüchtlinge in den sicheren Ländern Europas Schutz suchen. Eine Statistik der Bundesregierung belegt als Folgen des vor allem gegen den Islam gerichteten Kulturrassismus in den Jahren von 2001 bis 2011 zweihundert Anschläge auf Moscheen. Und auch der Europarat zeigt sich angesichts der Ergebnisse seiner Untersuchung zur Zunahme des Rassismus in Deutschland in den Jahren 2010 bis 2015 besorgt. Die Zahl der Angriffe auf Einrichtungen zur Unterbringung von Flüchtlingen sei ebenso rasant gestiegen wie die Gewalt unter Kindern unterschiedlicher nationaler Herkunft. Gerügt wurde auch, daß ein Richter den NPD-Aufruf „Geld für Oma, nicht für Sinti und Roma" als rechtskonform eingestuft hatte. Wieviel Wasser haben die Nazis bisher denn schon unter dem Kiel?

Weitere Facetten solcher Entwicklungen werden sichtbar, wenn auch in ländlichen Regionen Deutschlands ganze Dörfer unterwandert werden. Immer wieder finden sich in den letzten Jahren in den Medien Berichte darüber. Die Landflucht schafft für die Rechten ideale Rückzugsorte. Der Politologe Dierk Borstel, Professor für praxisorientierte Politikwissenschaft an der Fachhochschule Dortmund, konstatiert:

„Das heißt, das ganze Problem der sterbenden Dörfer, des demografischen Wandels, der fehlenden Perspektive für den peripher ländlichen Raum, dieses peu à peu strukturellen Abbaus von demokratischer Struktur, das kriegen sie mit einem bißchen Engagement und mit einem bißchen guten Willen und mit einem bißchen Solidarität alleine eben doch nicht bekämpft, das ist Aufgabe von Politik. Und die Frage, die wir uns stellen müssen, was sind die Mindestbedingungen für diese abgelegenen Räume, die wir als demokratischer Staat zur Verfügung stellen? Das heißt, also, wie weit wollen wir unsere Kinder zur nächsten Schule fahren, wie viele Krankenbetten wird es geben, wie viele Geldautomaten usw.? Und darüber müssen wir debattieren, wo ist die Grenze nach unten, daß die Menschen sich dort auch entscheiden können und sagen: ,Ja, wir gehen das ein, das ist es uns wert' oder auch: ,Wir machen es nicht'. Und da brauchen wir ein Riesenmaß an Ehrlichkeit – und da wird es Löcher geben, und in diese Löcher gehen die Nazis." (Quelle: deutschlandfunk.de) Einstweilen trifft sich die „Kameradschaft Borken" mit der „Bruderschaft Ueckermünde" oder der „völkischen Kampfgemeinschaft Eggesin" zu ansonsten ungestörten Wehrsportübungen oder völkischen Festen im Wald.

Es gibt schon viele derart unterwanderte Dörfer in Regionen,

Michel Abdollahi (2006)

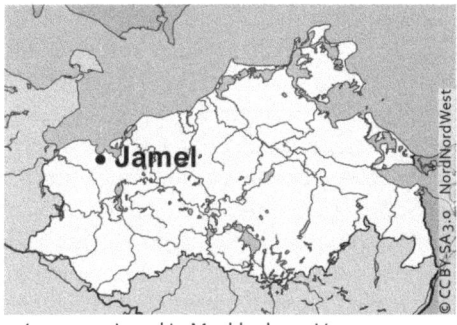

Lage von Jamel in Mecklenburg-Vorpommern

in denen sich Fuchs und Hase gute Nacht sagen. Im Nirgendwo der Republik, in einem abgelegenen Winkel Mecklenburg-Vorpommerns liegt Jamel, jenes Nazidorf unweit der Ostsee, von dem erst jüngst Berichte in die Medien gelangt sind. Der Journalist Michel Abdollahi hatte 2015 in dieser Nazihochburg, die für sich mit dem Slogan „Dorfgemeinschaft Jamel – frei – sozial – national" wirbt, vier Wochen verbracht und seine Erfahrungen dokumentiert. Sein wichtigstes Fazit: *„Die rechte Gesinnung ist nicht auf Jamel beschränkt, nur hier wird sie offen zur Schau gestellt."*

Es sind keine Kriege im herkömmlichen Sinne, in denen die Landgewinne gemacht werden. Es handelt sich vielmehr um geräuschlose Ausbreitungen mit fatalen Folgen. Besonders aufmerksam sollten wir sein, weil wir bereits wissen können, daß es schleichende Entwicklungen sind, die zur Entstehung der abgeschotteten Lebensräume von Extremisten in privaten Dörfern und Städten führen. Die Gesamtgesellschaft bekommt davon entweder lange nichts mit oder duldet verängstigt die Konzentration der Kultur- und Gesellschaftsfeinde an exklusiven Orten.

Revolten und Gesinnungsenklaven

Kurios an allem ist, daß die Trendsetter für das Schaffen privatisierter Rückzugsorte weder im superreichen noch im extremistischen Milieu zu verorten sind, sondern aus einem ganz anderen gesellschaftlichen Lager stammen. Daß das Leben so nicht mehr weitergehen kann, daß stetig steigender Konsum in einer als unendlich gedachten Wachstumsspirale früher oder später im Kollaps münden muß, haben besonders seit den 1960er Jahren zuerst diejenigen moniert, die für sich ein ökologisch und sozial avantgardistisches Bewußtsein in Anspruch nahmen. Sie hatten von allem tatsächlich (innerlich und äußerlich) genug und begannen sich angesichts der sich abzeichnenden ökologischen und ökonomischen Katastrophen ernste Sorgen zu machen. Vor diesem Hintergrund entstanden die ersten Ökosiedlungen und -dörfer als Schutzräume für jene kulturellen Entwicklungen, die sich in der umtriebigen, rücksichtslosen Konsumwelt des Mainstreams entweder gar nicht ereignen könnten oder aber – im übertragenen Sinne – bald den Kindstod erleiden würden.

Die Entwicklungen der deutschen Städte ereigneten sich im 13. Jahrhundert schon unter den Vorzeichen der einsetzenden Landflucht. In dieser Zeit des Aufschwungs der mittelalterlichen Ökonomie wurden vorher „Unfreie" zu Bürgern der Städte, indem sie in „eingeschworenen Gemeinschaften", den sogenannten Schwurvereinigungen, Rechte und Pflichten der Stadtherren in die eigene Verantwortung übernahmen. Die Entstehung solcher Gemeinschaften, die als Kommunen bezeichnet werden, leitete den Übergang von der Hauswirtschaft zur Volkswirtschaft ein.

Nehmen wir an, daß dieses Vorbild bürgerlicher Selbstverwaltung durch die folgenden Jahrhunderte hindurch im latenten Anspruch des modernen Menschen an die Möglichkeiten partizipativ gestalteter Formen des Lebens und Wirtschaftens verankert blieb, so wird verständlich, was sich schließlich in Protesten und Initiativen seit den 1960er Jahren Bahn zu brechen begann. Tatsächlich waren die Veränderungen von Gesellschaft und Kultur unter dem Primat einer globalisierten, auf Ausbeutung von Natur und Mensch ausgerichteten Ökonomie vorher bis zum Exzeß getrieben worden. Bürgerrechts- und Studentenbewegungen erfaßten seinerzeit die ganze Welt.

Die führenden Finanzeliten waren damals in großer Sorge um die Führbarkeit der Welt in ihrem Sinne. Im Juli 1973 wurde deshalb auf Initiative von David Rockefeller die „Trilaterale Kommission" gegründet, in der sich bis auf den heutigen Tag etwa 400 einflußreiche Personen treffen, um über die Lenkung der Welt zu debattieren. Im Jahr der Gründung der Kommission war die Welt einerseits ökonomisch unter den Druck von Stagnation und Unsicherheit geraten, andererseits – so im ersten Bericht der Kommission mit dem Titel *Die Krise der Demokratie* nachzulesen – war es den liberalen Kreisen schnell zuviel des bürgerschaftlichen Engagements geworden. Und dieses Zuviel an Demokratie sollte eingedämmt werden!

Handeln schien das Gebot der Stunde, die den Superreichen in den 1970er Jahren geschlagen hatte. Im Vergleich zu den „goldenen 1920er Jahren" war der Anteil der jährlichen Einnahmen aus dem Bruttoinlandsprodukt, den die reichsten 0,1 Prozent unter den US-Amerikanern und Europäern ausmachten, von acht auf zwei Prozent geschrumpft.

„Der weltweite wirtschaftliche Abschwung, der 1973 begann, ist heute in seiner Dramatik schon teilweise vergessen. Die USA fielen in eine tiefe Rezession, der Ölpreis verfünffachte sich zeitweise und stellte nicht nur

*das automobile System, sondern das gesamte auf fossiler Energie beru-
hende Wirtschaftsmodell infrage. In Großbritannien kam es in derselben
Zeit zu einer schweren Bankenkrise; 1977 stand das Land vor der Zah-
lungsunfähigkeit und war gezwungen, einen Kredit des Internationalen
Währungsfonds anzunehmen, der an die Bedingung einer radikalen
Strukturanpassung geknüpft war. Die Stadt New York stand 1975 ebenfalls
vor dem Bankrott. Wie später in zahllosen Ländern Afrikas, Asiens und
Lateinamerikas sollten diese Schuldenkrisen als Gelegenheit für einen
radikalen Umbau der Gesellschaft genutzt werden."* (Fabian Scheidler:
Das Ende der Megamaschine, Wien 2015)

Aber es waren nicht nur die gewaltigen Kräfte des Weltfinanzsy-
stems, die infolge der Krise freigesetzt wurden, sondern auch die Kräfte
einer sich formierenden Protestbewegung, die auf ihre Art ebenfalls
zum Äußersten entschlossen war.

Seitdem geht es Teilen der systemkritischen Bewegung nicht mehr
nur um eine gerechtere Umverteilung, sondern um gänzlich andere
Lebensformen, die sich nicht mehr durch die Gewalten jenes Systems
unterdrücken lassen. Allerdings begann sich das System schnell auf das
Heftigste zu wehren: Bereits im Mai 1968 kam es in Paris zu äußerst
brutalen Barrikaden-
kämpfen. Im selben Jahr
wurden in Mexiko-Stadt
durch von der Regierung
beauftragte Scharfschüt-
zen Hunderte unbewaff-
nete Protestler erschossen.
Nicht nur in Vietnam
tobte der Krieg, sondern
auch mitten in der Gesellschaft, in Berkley, Berlin
und anderswo. Das Volk
begehrte auf, wollte anderes und mehr vom Leben,
und das außerhalb von
„Brot und Spielen".

Die Gründung von
Greenpeace als Wider-
standsbewegung gegen
die weltweiten Atombom-
benversuche, der Bericht
des Club of Rome über

Paris, Mai 1968, Plakat

Die Grenzen des Wachstums, aber auch das Konzept der „People's Comecon" von Ernst Friedrich Schumacher, dessen Buch *Small is Beautiful* sowie die Gaia-Hypothese des NASA-Wissenschaftlers James Lovelock und der Biologin Lynn Margulis, mit der die Erde als lebendiger Organismus beschrieben wird, ebneten in den 1970er Jahren den Weg zum Entstehen von Gemeinschaften, in denen der neue Geist, von den Stürmen der Welt unberührt, gelebt wird.

Seitdem werden weltweit immer häufiger und mehr Kommunen und Ökodörfer gegründet, in denen die neuen Kommunarden darum bemüht sind, beispielhaft zu leben, was in ihrem Sinne schließlich die Gesamtgesellschaft verändern soll und kann. Die Spannweite des bereits Entstandenen reicht von kleineren Lebensgemeinschaften über mittelgroße Dörfer bis hin zu ganzen Städten, wie der Stadt Auroville mit ihren irgendwann bis zu 50.000 Einwohnern.

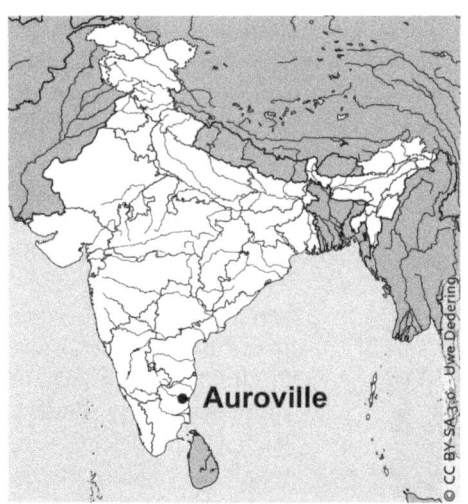

Lage von Auroville im Südosten Indiens

In solchen Gesinnungsenklaven werden unterschiedlichste Konzepte verfolgt, die inzwischen auch wissenschaftlich gut untersucht und dokumentiert wurden. Die Studie *Gemeinschaftliche Lebens- und Wirtschaftsweisen und ihre Umweltrelevanz* der Universität Kassel (Juni 2004) widmet sich exemplarisch der Kommune Niederkaufungen, die 1983 gegründet wurde. In der Studie wird beschrieben, worum es in der Kommune geht, nämlich *„um eine grundsätzlichere Veränderung der Lebensweise mit einer bewußten Reduzierung des Konsums materieller Güter, der Rückbesinnung auf soziale Bezüge und der aktiven Einflussnahme auf Veränderungsprozesse. (...) Gemeinschaften, wie sie im Vorhaben untersucht wurden, gehören zu einer Lebensweise, die im internationalen Sprachgebrauch als „intentional communities" bezeichnet wird und die sich etwa wie folgt charakterisieren lassen: Bewußt gegründet und gewählt; Freiwilligkeit der Mitgliedschaft und des Zusammenlebens; auf Dauer angelegtes Konzept; gemeinsame oder solidarische Ökonomie."*

Bei Ökodörfern und Kommunen handelt es sich um interessante Modelle für Möglichkeiten, wie sich das Zusammenleben von Menschen aufgrund nichtstaatlicher Initiative gestalten läßt. Das wird in besagter Studie ebenfalls betont:

„Mit Blick auf die angesprochene Aufgabe, Nachhaltigkeitsstrategien zu unterstützen, ist klar, daß die direkten Effekte dieser Gemeinschaften (etwa auf die Stoff- und Energieumsätze) in Deutschland verschwindend gering sein werden. Interessant aber sind sie als Beispiel, als Experiment, wie es auch gehen könnte, welche Möglichkeiten in dieser Lebensweise unter Nachhaltigkeitsgesichtspunkten stecken und welche Komponenten dieser Lebensweise bereits heute Eingang in eine gesellschaftliche Praxis des Mainstreams der Industriegesellschaft Deutschland finden können."

„Himmlisches" Jerusalem

Ein zu einer durch Gewaltherrschaft geprägten Zeit passendes Narrativ ist die Apokalypse (griechisch: ἀποκάλυψις, *apokalypsis, „Enthüllung",* wörtlich *„Entschleierung").* Sie besteht aus bildhaften Beschreibungen endzeitlicher Ereignisse, zu denen es kommt, wenn in der letzten Eskalation verlotterten Lebens unheilvolle Entwicklungen kollabieren. Apokalyptische Zeiten sind solche der Entscheidung und Selektion. Die „Guten" werden von den „Schlechten" getrennt, der göttliche Eingriff in von Menschen nicht mehr beherrschbare Lebensereignisse beendet für die einen die Qual, während sie für die anderen auf immer und ewig verstetigt wird.

Apokalypsen begleiten die Geschichte der Zivilisation. Als Ausdruck der nie ganz versiegenden Hoffnung auf bessere Zeiten berichten sie vom Endkampf des Guten mit dem Bösen. Licht und Finsternis erscheinen als Synonyme für die Kräfte ewigen Lebens und des Todes. Die Szenarien entscheidender Schlachten sind von unerbittlicher Gewalt bestimmt: Feuer fällt vom Himmel, Drachen und Dämonen gieren nach wehrlosen Seelen, wehrhafte Engel und Götter greifen schützend in die Gefahrenlagen ein. Am Ende ist es eine Minderheit von Getreuen, die das Gemetzel überlebt. Eine neue Kultur kann mit ihnen beginnen. Bessere Zeiten brechen an.

Zweifellos wird jede Epoche irgendwann von Ereignissen betroffen, die ihren Niedergang begleiten. Jede noch so gute Gewohnheit oder Regel kann, zum Eigenleben erwacht, das Gegenteil von dem bewirken, was ursprünglich in bester Absicht gemeint war. In der Folge geraten geordnete Verhältnisse durcheinander. Menschen verlieren (innerlich und äußerlich) ihren Halt. Der US-amerikanische

Yoshihiro Francis Fukuyama (2016)

Geschichtswissenschaftler Yoshihiro Francis Fukuyama deutet die weltgeschichtlichen Ereignisse der jüngsten Vergangenheit und der Gegenwart als Zeugnisse vom „Ende der Geschichte". Totalitäre Systeme, wie sie das Leben der Menschen in den zurückliegenden 5000 Jahren bestimmten – seit die Herrschaft von Menschen über Menschen begann –, verlieren ihre Macht. Auch der Zusammenbruch des kapitalistischen Systems ist nach nur 500 Jahren seines Bestehens bereits absehbar.

Auch die Jetztzeit trägt apokalyptische Züge. *„Die Verbindung von Apokalyptik und Kapitalismus ist heute von geradezu unheimlicher Aktualität. Himmlisches Jerusalem und Schwefelsee liegen in den modernen „global cities" häufig nah beieinander. Während die Auserwählten in gläsernen Türmen Zahlen, Buchstaben und Bilder über ihre Bildschirme laufen sehen, versinken wenige Straßenecken weiter die vom globalen Markt Verworfenen in Fäkalien- und Müllbergen, die von den Himmlischen produziert werden."* (Fabian Scheidler: Das Ende der Megamaschine, Wien 2015)

Es ist die Wiederholung der Geschichte eines Niedergangs. Delikat ist allerdings, daß die Möglichkeit absoluten Scheiterns im Anthropozän weltgeschichtlich zum ersten Mal gegeben ist. Wir sind die erste Menschengeneration, die nicht nur unveränderliche Spuren des eigenen Lebens in allen Naturreichen hinterläßt, sondern die, darüber weit hinausgehend, dazu in der Lage ist, alles und alle komplett zu zerstören. Die dadurch geforderten Bewußtseinsprozesse sind tatsächlich so außerordentlich, daß nur wenige Menschen dem massiven Druck standzuhalten vermögen. Dem größten Teil der Menschen bleibt der Ernst der Lage verschlossen, ob aktiv gewollt oder weil die Gemengelage für das eigene Fassungsvermögen zu komplex ist. Daraus flieht, wer irgend kann. Fabian Scheidler pointiert:

„Auf der ganzen Welt entstehen Netzwerke von „gated communities", von „green zones", verbunden durch Hochsicherheitskorridore. Die Highways, auf denen die Erwählten in klimatisierten SUVs fahren,

durchschneiden das Land der Verlierer, denen nur der Staub und der aus dem Fenster geworfene Müll bleibt. Das himmlische Jerusalem unserer Zeit wird von Polizeirobotern und Drohnen gegen diejenigen, die dem Schwefelsee zu entkommen versuchen, geschützt." (in: Das Ende der Megamaschine, Wien 2015)

Aber ist es wirklich das, was der Apokalyptiker Johannes geistig vor sich sah und was er in seinem Offenbarungsbuch als neuen Himmel und neue Erde beschrieb? Vielleicht ist damit ja doch etwas ganz anderes gemeint!

Die Welt wird zu einer ganz, ganz anderen gemacht

Würde ein Mensch des frühen 19. Jahrhunderts mit dem Leben in der Jetztzeit konfrontiert, würde er vermutlich in arge Schwierigkeiten geraten. Dabei sind seine und unsere Welt zeitlich gar nicht sehr weit voneinander entfernt. Dennoch wäre ihm unsere Welt so unverständlich, wie wir die seine nicht lange ertragen könnten, weil uns allein schon die Härte der äußeren Lebensbedingungen überfordern würde.

Daß es einmal so werden könnte, wie es heute ist, hat sich vor 200 Jahren niemand träumen lassen. Vermutlich haben auch nur wenige darüber nachgedacht. Dennoch wurden damals die Weichen für den Weg der Entwicklung in unsere Zeit gestellt. Die Industrialisierung machte immer mehr und alles immer schneller und immer einfacher verfügbar. Lange hätte man meinen können, daß mehr und mehr vom Paradies auf Erden erschien. Den Menschen ging es offensichtlich immer besser. Krankheit, Elend und Not verloren ihren Schrecken, die Lebenserwartung stieg, und die Mühen der Arbeit wurden weniger. Nur Toren hätten sich angesichts solcher Fortschritte um die Zukunft Sorgen gemacht.

Nun können wir Heutigen aufgrund unseres Wissens und unserer Erfahrungen davon ausgehen, daß auch wir für jene Menschen, die im 23. Jahrhundert leben werden, die Weichen stellen. Über das Wohl und Wehe unserer Nachfahren entscheiden wir mit. Anlaß zum Nachdenken gibt es genug. Allein die Tatsache, daß sich die Steigerungsraten bezüglich der Wirtschaft und des Konsums von jetzt an keine paar Jahrzehnte mehr fortschreiben lassen, sollte uns aufmerken lassen. Aber wenn es so nicht weitergeht, was dann? Müßte etwa alles, wirklich alles ganz, ganz anders werden?

Das große Fressen

Hätte Joseph für seinen gerade geborenen Sohn Jesus am Beginn der christlichen Zeitrechnung einen Euro-Cent zu einem Zinssatz von fünf Prozent angelegt und hätte hernach für einen Zeitraum von 2000 Jahren niemand das Guthaben angerührt und wäre jeder Zinsgewinn in diesem Zeitraum wiederum verzinst worden, würde sich das Guthaben auf dem Sparkonto auf einen Betrag von 23.911.022.046.136.200.000.000.000.000.000.000.000.000 Euro belaufen. Diese unvorstellbare Zahl führt uns vor Augen, was exponentielles Wachstum bedeutet. Der Josephspfennig ist ein Beispiel aus dem 18. Jahrhundert, das vom Philosophen und Geistlichen Richard Price ersonnen worden war. Man kann sich die Wirkung exponentiellen Wachstums auch näher an den alltäglichen Erfahrungen vergegenwärtigen: Die Weltbevölkerung wächst zur Zeit in jedem Jahr um zwei Prozent, was einer Verdopplung in einem Zeitraum von etwa 35 Jahren entspricht (wenn nicht irgendwelche Einflüsse bremsend wirken). Der jährliche Zuwachs liegt derzeit bei einer Menschenanzahl, die der gesamten menschlichen Erdbevölkerung am Beginn unserer Zeitrechnung entspricht, zu der es allerdings im Laufe von langen 200.000 Jahren gekommen war.

© Gemeinfrei Benjamin West (1738–1820)

Richard Price

Klar ist, daß ungebremstes Wachstum in den schnellen, sicheren Tod führt. Und weil wir Menschen uns exponentielles Wachstum nicht wirklich vorstellen können, bemerken wir den Sensenmann möglicherweise leider erst, wenn es zu spät ist. Aber bis dahin haben wir ja alles, was wir wollen. Die Konsumausgaben je Haushalt liegen in Deutschland derzeit bei durchschnittlich 2.000 Euro (das entspricht etwa 60 Prozent des BIP). Heutzutage wird wesentlich mehr konsumiert, als zur Befriedigung der Grundbedürfnisse erforderlich wäre. Den Wendepunkt dahin sehen Historiker in den 1960er Jahren. Damals geschah der Wandel zur Konsumgesellschaft, indem immer mehr Menschen damit begannen, sich mit langlebigen Konsumgütern (Maschinen und Geräte für den Haushalt, Unterhaltungsgeräte wie Fernseher und Radio usw.) auszustatten. Zeitgleich verschwanden die vorher noch verbreiteten Gärten zum Eigenanbau von Lebensmitteln; die agrarische Subsistenzwirtschaft *(Wirtschaftsweise mit dem Ziel der Selbstversorgung, Anm. d. Red.)* wurde für die folgenden Jahrzehnte zum Auslaufmodell. Zugleich stieg das Warenangebot an, während die

Preise aufgrund der industriellen Produktion sanken. Dem ausschweifenden Konsum scheinen also keine Grenzen gesetzt. Jedenfalls glauben das immer noch zu viele. Würden nämlich alle Erdenbürger derart konsumieren wie wir, könnte die Erde nur noch etwa zwei Milliarden Menschen ernähren!

Seit dem Jahr 1945 hat sich in Deutschland der Wert des BIP pro Kopf von 4.326 USD auf rund 45.000 USD im Jahr 2014 verelffacht. Gleichzeitig stieg die Kaufkraft, also der Wert einer Arbeitsstunde, im Verhältnis zu den wichtigsten Ausgaben des Konsums. Heute arbeiten wir für einen identischen Korb an Waren nur noch zehn Minuten anstatt einer ganzen Stunde im Jahr 1950. Mit dem Mehr an zur Verfügung stehendem Geld wird mehr konsumiert!

Bezüglich des Fleischkonsums ist die Entwicklung besonders markant. Verzehrte der durchschnittliche Deutsche bis vor 60 Jahren noch 40 Kilogramm Fleisch pro Jahr (also etwa 100 Gramm pro Tag), sind es heutzutage bereits rund 80 Kilogramm bzw. gar 120 Kilogramm in den USA. Da zeitgleich auch die Anzahl der Menschen rapide zunahm (viel mehr Menschen essen viel mehr Fleisch), haben sich die Bedingungen für das Leben der „Nutztiere" dramatisch verändert.

Auch dieser Teil der Mitwelt wurde von den Menschen brutal industrialisiert. Die Lebenserwartung von Hühnern wurde von acht Jahren auf fünf bis sechs Wochen verkürzt, die von Schweinen und Rindern von 20 Jahren auf fünf Monate bzw. ein bis zwei Jahre. In dieser kurzen Lebenszeit werden die Tiere unter fürchterlichen Bedingungen gequält. Artgerechte Haltung spielt keine Rolle mehr. Und auch die ökologische Dimension springt ins Auge, schon wenn man bedenkt, daß jedem Menschen von der weltweit zur Verfügung stehenden Ackerfläche derzeit jeweils 2.000 Quadratmeter zugerechnet werden, von denen ein Fleischesser 2.300 und ein Vegetarier lediglich 600 Quadratmeter beansprucht. Nicht nur die Deutsche Gesellschaft für Ernährung plädiert angesichts der erschreckenden Entwicklung mittlerweile für einen geringeren Fleischkonsum, sondern auch die Umweltministerin Barbara Hendricks fordert einen Beitrag der Landwirtschaft zu dem ehrgeizigen Klimaschutzziel, den CO_2-Ausstoß bis zum Jahr 2050 zu halbieren – was nur gelingt, wenn weniger Tiere durch die Mühlen der industrialisierten Landwirtschaft gequält werden.

Im Jahr 1973 kam ein Film in die deutschen Kinos, dessen Plot darin bestand, den Suizid von vier Personen darzustellen. Das Besondere: Die Gruppe hatte sich dazu entschlossen, sich zu Tode zu fressen. *Das große Fressen* schlug hohe Wogen. Die Art der Darstellung galt damals als kaum zumutbar. Den dekadenten Weg durch ausschweifende Gelage, hin in den selbstgewählten Tod, empfanden die Menschen in den Zeiten des geordneten Wirtschaftswunders der 1970er Jahre als Zumutung. Dabei wurde den Menschen mit den Mitteln der Filmkunst nur schonungslos vor Augen geführt, wohin sie sich längst auf den Weg gemacht hatten: das große Fressen als Lebensstil, indem der Mensch sich bis zum bitteren Ende abgrundtief erniedrigt!

Konsum macht reich

Sehen wir uns um: Wieviel besitzt ein Mensch eigentlich? Und was davon wird von ihm wirklich benötigt? Nehmen Sie diese beiden Fragen jetzt mal ganz persönlich. Stellen Sie sich Ihren Besitz für einen Moment vor. Um die Antwort auf die zweite Frage finden zu können, müssen Sie danach nicht so schonungslos sein, daß Sie die berühmte Regel anwenden: „Was ich ein Jahr lang nicht benötigt habe, brauche ich auch nicht!" Sie können zurückhaltender sein, indem Sie gedanklich alles aus Ihrem Besitz entfernen, was Sie in drei Jahren nicht verwendet haben. Ich vermute, daß selbst unter einem solchen zeitlichen Horizont auch bei Ihnen noch einiges zusammenkommt. Aber trennen würden Sie sich von alldem mutmaßlich Überflüssigen dennoch nicht so gern. Oder? Was für eine Form von Reichtum erleben Sie, indem Sie diesen ganzen Tand jahraus, jahrein horten?

Es gibt weniges in unserem Besitz, was wir wirklich immer wieder, manches, was wir nur gelegentlich, und sehr viel, was wir „so gut wie nie" (ich drücke das mal vorsichtig so aus) brauchen. Letzteres ist jener (größte) Teil des Besitzes, den wir nur darum nicht hergeben, weil wir ihn schließlich einmal brauchen *könnten*. Es handelt sich also um eine Art Reichtum, der mit den tatsächlichen Lebensverhältnissen nichts oder mindestens nicht viel zu tun hat. Dennoch gibt es ihn – auch in Ihrem Haushalt! Nun wäre es interessant, danach zu fragen, *warum* es diesen Reichtum gibt. Dazu ließe sich auch eine ganze Menge sagen. Aber wirklich spannend wird es, wenn wir nicht nur nach dem Warum fragen, sondern danach, was für Sie durch all das *bewirkt* wird, was Sie höchstens irgendwann einmal gebrauchen *könnten*? Und: Über wieviel Prozent Ihres Besitzes denken Sie jetzt gerade nach? Über zehn Prozent, ein Drittel, über die Hälfte oder sogar noch mehr?

Menschen, die das untersucht haben, meinen, daß je nachdem, wo die Grenze gezogen wird, 30–70 Prozent des Besitzes im Leben eines Menschen in den materiell reichen Ländern tatsächlich überflüssig sind. Manche untersuchen das nicht nur, sondern setzen die gewonnene Erkenntnis sogar in Taten um. Während der Durchschnittsdeutsche etwa 10.000 Dinge besitzt, kommen diese Menschen schon mit ein paar Hundert aus (das entspricht dem Besitz eines Deutschen zu Beginn des 20. Jahrhunderts). Diese Reduktion auf das Wesentliche geschieht freiwillig oder – auch in unseren Breiten – gelegentlich erzwungenermaßen. Die veränderten Arbeitsbedingungen wirken nämlich auch hier. Trendforscher gehen davon aus, daß die Zahl derer, die alle zwei bis drei Jahre ihren Job wechseln, im Laufe des nächsten Jahrzehnts auf über 40 Prozent steigen wird. Solche „Job-Nomaden" müssen ihren Besitz verringern, weil sie die riesigen Mengen ständig transportieren müssen. Vorher aber entwickelt sich gar eine neue Nische im Immobilienmarkt, in der externer Stauraum für all diejenigen angeboten wird, deren Besitz die Kapazitätsgrenzen der Wohnung übersteigt.

Was wollen wir Menschen mit unserem Reichtum an Überflüssigem bewirken? Persönlich handelt es sich vielleicht um Vorsorge für möglicherweise schlechtere Zeiten. Daß man so viel besitzt, würde demnach ein Gefühl der Beruhigung auslösen. Der Kabarettist Gerhard Polt belustigt sein Publikum, indem er sagt:

Gerhard Polt (2011)

„Verstehen Sie mich richtig, ich will mich nicht durch den Besitz bereichern, aber (...) Besitz beruhigt, das ist ein Lebensgefühl, ich kann's nur weiterempfehlen."

Wolfgang Sofsky spinnt diesen Gedanken in einem wunderbaren Essay weiter, bis er bei einem Menschentyp landet, dem die aktuelle Wirklichkeit des Lebens aus dem Blick geraten ist:

„Manchmal treibt Angst den Gierigen an, die Angst, es könne ihm etwas entgehen, und er habe sich nicht alles rechtzeitig gesichert. Die Ungewißheit der Zukunft schürt die Versorgungsgier. Um nicht in Not zu geraten, türmt er Vorräte auf Vorräte, hortet Geldkatze um Geldkatze. Um dem befürchteten Elend zu entkommen, hetzt er sich zu Tode. Ständig prüft er Schätze und Bilanzen, zieht sich in die Geheimkammer zurück und läßt die Münzen durch die Finger gleiten. Doch das Sicherheitsgefühl hält nicht an. Unendlich sind die möglichen Gefahren. Besitz beruhigt

nicht. Über der Sorge um die Möglichkeiten vergißt er das Leben in der Wirklichkeit, das häufig gar nichts kostet." (Quelle: welt.de)

Dennoch ist des einen Tod des anderen Brot! Das ist eine Regel der Konsumwelt, die der dauernden Bereicherung dient: Die einen häufen darin ihren Besitz immer höher auf, die anderen werden zugleich an Geld immer reicher. Was man in dieser überdrehten Welt nicht verkaufen, ergo nicht konsumieren kann, hat darin keinen Wert. Dabei geht es längst nicht mehr um Gebrauchswerte, also darum, wie sinnvoll irgend etwas tatsächlich ist, sondern zunehmend darum, etwas zu haben, was einer ganz bestimmten Handelsquelle entstammt. Es ist nicht mehr die Handtasche an sich, sondern die von XY. Computer unterscheiden sich technisch nicht voneinander, sind aber in ein besonderes Gehäuse gebaut und mit einem angebissenen Apfel als Emblem versehen, und schon können sie zu absolut überzogenen Preisen verkauft werden. Da kann jemand noch so „öko" sein, diesem Schwindel geht er bereitwillig auf den Leim.

Marktmacht ist Markenmacht! Die Unternehmensberatung Booz Allen Hamilton hat festgestellt, daß der operative Gewinn der mit starkem Markenfokus geführten Unternehmen fast doppelt so hoch ist wie im Branchenvergleich. Dabei beschränken sich die Big Player meistens nur noch auf das Produktdesign und das Markenmanagement. Produziert wird in der globalisierten Welt in den für alle gleichen Fabriken, in denen überdies vielerorts die Menschen- und Naturrechte mit Füßen getreten werden. Das gilt für alle, auch für Apple! Während noch vor hundert Jahren (1903 wurde der deutsche Markenverband gegründet) eine Marke für eine besondere, möglicherweise besonders gute Produktion stand, spielt das heute keine Rolle mehr. Die Konsumwelt ist derart emotionalisiert, daß ein Motorradhersteller gar mit dem Slogan wirbt: *„Bei uns kaufen Sie ein Lebensgefühl; das Motorrad bekommen Sie kostenlos dazu!"*

Was sind wir denn für Menschen, wenn wir uns nur nach den ungeschriebenen Gesetzen allgemeinen Wohlstands, der Zukunftsangst, wissenschaftlichen Erhebungen zur Klimaverträglichkeit oder nach der Mode folgenden Lüsten und Launen richten, wenn es um das Maß für persönlichen Besitz geht? Was wirklich auskömmlich, im Sinne allgemeiner – also mitweltlicher und persönlicher – Verträglichkeit ist, müssen und können wir nur individuell herausfinden. Darum wird es im folgenden Abschnitt und besonders im dritten Teil dieses Buches gehen.

Aufmerksamkeit

Selbst dann, wenn Sie praktisch im Grünen wohnen, werden Sie darauf angewiesen sein, die allgegenwärtige Geräuschkulisse der Zivilisation (oder besser der „Zuvielisation") zu überhören, wenn Sie Ihre Ruhe haben wollen. Ruhe ist also etwas Relatives. Hören Sie einmal aufmerksam, wenn Sie in der Innenstadt unterwegs sind. Sie werden erstaunt darüber sein, was Sie alles normalerweise nicht bemerken, weil Sie es meistens unbewußt schlicht ausblenden. Es geht Ihnen mit Ihren Ohren mittlerweile wie mit den Augen, von denen man weiß, daß sie ein Vielfaches mehr an Informationen aufnehmen, als Ihr Gehirn de facto erreicht. Andernfalls würde es Ihnen ergehen wie jenen Reisenden, denen in der Frühzeit des Eisenbahnverkehrs wegen der unvorstellbaren Geschwindigkeit von fünfzehn Kilometern pro Stunde beim Blick aus dem Fenster übel wurde.

Unserer Natur entspricht es, daß wir uns vor den Einflüssen der Mitwelt abschotten können. Wenn es kalt ist, ziehen wir uns warm an. Aber dem, was tagtäglich an Geräuschen, Gerüchen, Bildern und Botschaften auf uns einprasselt, sind wir meistens schutzlos ausgeliefert. Das alles ist schlicht zuviel! Wir sind darauf angewiesen, es – mehr schlecht als recht – zu ertragen. In welcher Welt leben wir? Ist uns die natürliche Seite des Lebens überhaupt noch zugänglich?

Die Aufmerksamkeit ist im gleichen Maße eingeschränkt, in dem sie überfordert wird. Im riesigen Schallteppich hören wir nichts mehr. Die Ohren sind „geblendet" wie die Augen beim direkten Blick zur Sonne. Der Sozialwissenschaftler Herbert Alexander Simon, der 1978 *„für seine bahnbrechende Erforschung der Entscheidungsprozesse in Wirtschaftsorganisationen"* den Nobelpreis erhielt, brachte es auf den Punkt, indem er lakonisch feststellte: *„Information frißt Aufmerksamkeit!"* Das Problem beginnt, wenn unser Arbeitsgedächtnis an seine Ka-

© CC-BY-SA 3.0 DE   Richard Rappaport

Herbert A. Simon (1986)

pazitätsgrenzen gerät, wir also unter der Last von zu vielen aktuellen Eindrücken zu leiden beginnen, weil wir nicht mehr dazu fähig sind, das Wesentliche vom Unwesentlichen zu unterscheiden. Dummerweise sind Selbstbeherrschung und Willenskraft von einem funktionierenden Arbeitsgedächtnis abhängig. Werden Menschen also mit Informationen überflutet, mutet man ihnen zu viele Reize zu, werden sie anfälliger für fremde Steuerungsimpulse – ob sie nun mehr kaufen oder an anderer Stelle unversehens zu unkontrollierten Handlungen neigen. Die vielen Experimente, die man dazu angestellt und ausgewertet hat, verdeutlichen ganz gut den Zusammenhang vom zunehmenden, rauschhaften Konsum und der Erblindung für seine Folgen.

Sogar unsere Aufmerksamkeit ist also als Ressource begrenzt. Für Georg Franck, Professor an der Technischen Universität in Wien, lassen sich auf die Aufmerksamkeit und das Geld die gleichen Regeln der Ökonomie anwenden. Auch Aufmerksamkeit wird in diesem Sinne verzinst, und zwar im negativen oder positiven Sinne. Negative Entwicklungen finden statt, wenn Aufmerksamkeit überfordert wird. Kann ein Mensch nicht mehr entscheiden, was für ihn wesentlich oder unwesentlich ist, kommt es schließlich zum Zusammenbruch, der sich physisch, seelisch und geistig ereignet. Die positive Verzinsung ist ebenso bekannt und eindrücklich, denn die erhaltene Aufmerksamkeit *„sticht jedes andere Einkommen aus. Darum steht der Ruhm über der Macht, darum verblaßt der Reichtum neben der Prominenz."* (Georg Franck: Ökonomie der Aufmerksamkeit, München 1998)

Die Überforderung und der Ausstieg

Manchmal erst, wenn es schmerzt und fast schon zu spät ist, bemerken wir, daß wir auf den eingetretenen Pfaden nicht gut weiterkommen. Der Alltag überfordert uns, ebenso die Welt des überbordenden Konsums, die Sorge um das Klima, den Weltfrieden, den Arbeitsplatz, das Wohl der Kinder usw. Der allgegenwärtige Druck auf die Seele ist enorm. So nimmt es nicht wunder, daß die Arbeitsunfähigkeitsfälle aufgrund chronischer Erkrankungen der Psyche in den vergangenen zehn Jahren um 200 Prozent zugenommen haben. Aber immerhin: Wir merken es noch, daß es so nicht weitergeht!

Der erste Schritt in eine andere Richtung könnte darin bestehen, sich desjenigen anzunehmen, der gerade das Leid empfindet, also sich selbst. Was können wir tun, um die schwierige Lage halbwegs beherrschen und die Ausrichtung unseres Lebens verändern zu können? Was müssen wir auf welche Weise dafür gegebenenfalls noch lernen? Da das bestehende

System keine geeigneten Voraussetzungen dafür bietet, diese Fragen beantworten zu können, brauchen wir eine andere Erfahrungs- und Lernumgebung.

Es gehört zu den Signaturen unserer Zeit, daß sich immer mehr Bewegungen für den Ausstieg aus bestehenden gesellschaftlichen Strukturen gebildet haben. Der US-Amerikaner Paul Hawken bezeichnet sie in seinem Buch *Wir sind der Wandel* (Emmendingen 2010) als das *„Immunsystem der Erde"*. Die Analogie ist nicht schlecht gewählt, denn die verschiedenen Gruppen und Netzwerke haben sich so rasch entwickelt, wie die Lage auf Erden immer bedrohlicher wurde. Daß Menschen sich dagegen wehren, wenn so viele ihrer Artgenossen die Zukunft des Lebens auf Erden gefährden, wäre demnach expressis verbis eine natürliche Reaktion. Es begann mit der 1968er Bewegung, die nahezu alle Länder der Erde irgendwie erfaßte. In diesem Moment des Aufbruchs traten diverse Impulse für den Wandel des gesellschaftlichen und persönlichen Lebens aus ihrem Nischendasein ins volle Rampenlicht der Zivilisation. Die *„neuen sozialen Bewegungen"* bergen das Potential in sich, das dem Wandel die notwendige Kraft geben kann.

Es ist heute kein großes Problem mehr, sich über die entsprechenden Möglichkeiten schlau zu machen, wenn man seinem eigenen Leben eine andere, zukunftsgerechte Richtung geben will. Jede Volkshochschule macht mittlerweile entsprechende Angebote, und in den Medien sind Tips und Erfahrungsberichte zu den Themen des Richtungswechsels und Ausstiegs immer wieder Bestandteil des Programms. All das macht es möglich, ein anderes, gutes Leben zu führen. Ob man das für sich auch ergreift und für die Teilhabe am Wandel zu nutzen versteht, wird über die Bereitschaft zu einem Berührtsein entschieden, von dem im folgenden Buchteil die Rede sein soll.

TEIL 3:

DAS MASS DES LEBENS:

VOM ANDEREN UMGANG

MIT SICH SELBST UND MIT DER

WELT

Mitweltliche Verbundenheit

Es könnte doch gut sein, daß uns Menschen auch im positiven Sinne viel mehr möglich ist, als wir glauben. Nehmen wir an, daß auch wir Lebewesen sind, die von ihrer eigentlichen Natur her dazu geeignet sind, dem Leben zu dienen, statt es vornehmlich auszubeuten und zu gefährden. Wenn dem so wäre, wäre das Verhältnis, das wir zu uns selbst haben, bedeutend für den Einfluß, den wir auf unsere Mitwelt ausüben. Je mehr wir wirklich Mensch sind, desto besser! Aber was bedeutet das?

Immer mehr Menschen fühlen, wie es um ihre Mitwesen steht. Der Zustand der Mitwelt hat Einfluß auf ihr persönliches Lebensgefühl. Daß die Regungen des menschlichen Gewissens weltumspannend sind, daß ferne Kriege, Ungerechtigkeiten und Gefährdungen der Lebensgrundlagen ganz nah erlebt werden, ist ein relativ neues Phänomen. Vielleicht erst seit der Mitte des vergangenen Jahrhunderts entwickelt sich das so. Zweifellos hat das ursächlich auch mit der medialen Vernetzung zu tun, die immer perfekter funktioniert. Aber es kann auch zum Ausgangspunkt für die Entwicklung einer ganz neuen Kultur werden, wenn wir die Fähigkeit zu mitweltlicher Verbundenheit als eine typisch menschliche erkennen.

Unter der Voraussetzung dieser Sichtweise stellt sich die Frage, was die Erfahrung mitweltlicher Verbundenheit ermöglicht und was sie behindert. Darüber entscheidet sich zugleich, was eine gute und ausreichende Versorgung sein kann – und muß. Das Maß für zuwenig, zuviel und genug erscheint in neuem Licht. Mitweltliche Verbundenheit bewirkt mitweltliche Auskömmlichkeit. Der Mensch kann schließlich seiner Natur nach Mensch sein, wenn er das will – und wenn man ihm ermöglicht, das zu wollen!

Mitwelterleben und Menschenrechte

Die alten Geschichten vom Werden der Welt beginnen meistens damit, daß dort noch Chaos herrschte, wo wir Menschen heute sind und leben. Es waren Bedingungen, unter denen nichts existieren konnte, unwirtliche Verhältnisse, ein pures Durcheinander – ein Anfang, an dem alles wüst und leer war. Dann wirkte in das ganze Konglomerat hinein ein Impuls, der die Unordnung beseitigte, so daß Wesen und

Lebenswelten entstanden. So kam es auch zu einem konstitutiven prinzipiellen Zusammenhang von allem, der im Sinne von Über- und Unterordnungen seitdem hierarchisch gegliedert ist.

Dennoch geht es für die allererste Zeit der Welt, folgt man den alten Geschichten, keineswegs darum, daß einzelne Wesen – niederen Absichten folgend – andere zu Untertanen degradieren, sie dominieren und ausbeuten. Das haben schon unsere Vorfahren als tragisches Ergebnis der Geschichte des Menschen verstanden, in der die ursprüngliche Ordnung der Aufgaben und Fähigkeiten des Lebens durcheinandergeriet. Schon vor langer Zeit erzählten die Weisen davon, wie der Mensch das natürliche Maß der Genügsamkeit für sich selbst vergaß, und davon, wie er irgendwann damit begann, ohne Rücksicht auf seine Mitwelt alles zu unterwerfen und seinen überzogenen Bedürfnissen folgend zu verzwecken.

Klar ist, daß die Existenz der einen, unermeßlich vielfältigen Welt vor allem darauf beruht, daß für alle und alles auf das Beste gesorgt ist. Die alten Überlieferungen berichten davon, daß die ursprüngliche Welt dem Ideal nach eine war, in der es keine Armut gab. Adäquates Versorgtsein stand nicht in Frage. Dennoch ereignete sich im Laufe der Zeit eine Entwicklung, die das Leben von der traumhaften Egalität entfernte. Der ganzen Welt wurde mehr und mehr ein Antlitz verpaßt, das sich schließlich immer mehr von dem vorgestellten Paradies, dem Lebensraum aller Gleichberechtigten, gewaltig unterschied. Und so hat die menschliche Welt von heute mit der natürlichen von einst schließlich fast gar nichts mehr zu tun.

In den abrahamitischen Religionen wird die Zivilisationsgeschichte als Zustand zwischen einem alten und einem neuen Paradies gedeutet: Das einstige Glück ging verloren und ist denen als Zukunft verheißen, die schließlich für ihr Leben im rechten Glauben derart belohnt werden, daß sie in den Zustand der Glückseligkeit vergangener Zeiten und des immerwährenden Versorgtseins zurückkehren. Dieses Narrativ, das aus den Folgen der Veränderungen hervorging, die der Mensch selbst an der Welt vorgenommen hatte, bildet bis heute die Grundlage für ein weitverbreitetes, fragwürdiges Menschenbild. Sofern nämlich Menschen diese Verheißung nur auf ihr eigenes Glück beziehen und dabei die Lebenssituation ihrer Mitmenschen mitleidlos ausblenden, impliziert das eine schreckliche, verächtliche Ignoranz, mit der vermeintlich besser gestellte Rechtgläubige auf jene blicken, die *es* einfach nicht begreifen wollen.

Wir können und müssen heutzutage derartig diskriminierende Vorstellungen überwinden. Denn angemessenes Verhalten ist unumgänglich auf das Bemühen um mitweltliche Empathie angewiesen, die alle Mitwesen gleichermaßen in all ihrer Vielfalt und Verschiedenheit respektiert. In diesem Erleben dämmert bereits das Maß des Lebens auf, das heutzutage immer mehr zum Bewußtsein drängt. Ein gutes Beispiel dafür sind die allgemeinen Menschenrechte, die als hohe kulturelle Errungenschaft eben nicht zuerkannt, sondern definiert werden. Sie gelten per se für alle und eben nicht nur für einige Auserwählte unter uns! Daß sich vor diesem Hintergrund ein neues Rechtsempfinden entwickeln kann (und will), ist deutlich zu sehen. Und obwohl wir uns erst am allerersten Anfang dieser Entwicklung befinden, können wir die Chance erkennen, die dort ergriffen wird, wo sich ein grundsätzlich neues Erleben der Welt Bahn bricht, aus dem heraus der Mensch schließlich nichts von seiner Mitwelt mehr ausschließt. Es handelt sich um ein Entwicklungspotential und -ziel, das uns bereitet ist: Menschen erleben ihre Mitwelt als sich selbst, weil sie menschlich zu erleben gelernt haben!

Ungleich unter Gleichen

Bartolomé de Las Casas (16. Jhr.)

Es war im 16. Jahrhundert, genauer im Jahr 1552, als in einem Schreiben des Dominikaners Bartolomé de Las Casas an den „Indienrat" erstmals von „Prinzipien der Rechte der Menschen" (*„las reglas de los derechos humanos"*) die Rede ist. Las Casas, damals Bischof im peruanischen Chiapas, hatte das ganze von den Spaniern in der einhundertjährigen Unterwerfung der mittel- und südamerikanischen Urbevölkerung angerichtete Elend bei vielen Gelegenheiten als Augenzeuge miterlebt. Es stimmte ganz und gar nicht mit seinem christlichen Menschenbild überein, dieses Morden, Rauben und Versklaven, diese blindwütige Zerstörung uralter Kulturen. Und so forderte er, den sie den „Bischof der Indianer" nannten, gleiche Rechte für alle Menschen, unabhängig von ihrer Herkunft und Kultur.

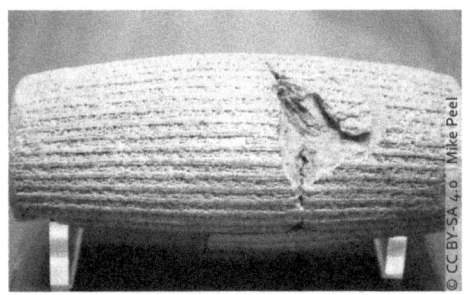

Der Kyros-Zylinder

An diesem historischen Wendepunkt begann sich eine Sichtweise als Völkerrecht Bahn zu brechen, die im Jahr 539 v.Chr. nach der Eroberung Babylons vom siegreichen Kyros dem Großen in einen Tonzylinder eingeschrieben und gebrannt worden war, der als „Kyros-Zylinder" bis heute als erste Deklaration der Menschenrechte anerkannt wird. Zweitausend Jahre waren seither bis zu dem Schreiben des Bartolomé de Las Casas vergangen. Und es sollten weitere zwei Jahrhunderte vergehen, bis die Menschenrechte erstmals im Jahr 1776 mit der Unabhängigkeitserklärung der USA und 1789 in der *Déclaration des droits de l'homme et du citoyen* von der französischen Nationalversammlung als Verfassungsrecht verabschiedet wurden. Dem folgten bis heute die meisten Staaten, besonders seit der Gründung der Vereinten Nationen im Jahr 1945, als die Menschenrechte zum globalen Völkerrecht erhoben wurden. Die Erklärung der Menschenrechte zu ratifizieren ist das eine; etwas anderes ist es, sie auch tatsächlich umzusetzen. Es sind immer noch der eigene Staat und die anderen Staaten, die eigene Kultur und die anderen Kulturen, die eigene Herkunft und die Herkunft der anderen, das eigene Vermögen und das der anderen. Und alles, alles ist so (wunderbar) verschieden!

Natürlich ist nichts gleich, nicht einmal die Finger Ihrer rechten und linken Hand sind es. Und schon gar nicht der eine und ein anderer Mensch. Unübersehbar sind indessen Ähnlichkeiten, die sowohl Menschen als auch andere Lebewesen als Angehörige einer Art kennzeichnen. Ähnlichkeiten im Äußeren, Ähnlichkeiten im Verhalten und – vermutlich darf für Menschen auch das angenommen werden – bezüglich von Motiven, die allem Tun und Lassen zugrunde liegen. Welche Ähnlichkeiten sind prinzipiell wichtig oder gar notwendig? Welche Verschiedenheiten sind statthaft? Vor dem Hintergrund dieser beiden Fragen den Alltag zu gestalten wird immer ein Manöver im Suchen nach jenem dynamischen Gleichgewicht sein, das immer fragiler wird, je mehr sich ein einzelner Mensch als Teil seiner natürlichen und menschlichen Mitwelt begreift. Heutzutage, unter den Vorzeichen der fest verankerten Globalisierung, geht es nicht anders, denn wir alle sind darauf angewiesen, die eigenen Interessen mit denen unserer Mitmenschen in Einklang zu bringen. Das erfordert Unvoreingenommenheit, Achtsamkeit und Geduld.

Der Gelegenheiten, die jeden Menschen mit dem anderen konfrontieren, sind tagtäglich zahllose. Zum einen bricht damit das Demarkationsproblem auf, das sich daran entzündet, daß ein jeder Mensch bis zu einem gewissen Grad bestrebt ist, die eigenen, persönlichen Interessen (und Rechte) einer Gemeinschaft gegenüber zu behaupten; zum anderen muß jede Gemeinschaft darum bemüht sein, alle Verschiedenheiten zum Wohle aller in einem großen Ganzen erfassen zu können.

Die Juristin Katrin Wladasch hat in einem bemerkenswerten Aufsatz dargelegt, auf welchen sehr persönlichen inneren Prozeß der Auseinandersetzung und Erwägung das letztlich hinausläuft:

„Nur wenn Klarheit darüber besteht, was die eigene Persönlichkeit ausmacht, wie vielfältig die Hintergründe der eigenen Identität sind, kann dem ‚Anderen' auf gleicher Ebene begegnet werden. Und dann wird sehr schnell klar, daß Identitäten und das ‚Anderssein' nicht auf die andere ethnische Herkunft oder Nationalität reduziert werden können, sondern daß auch das Andere sehr vielfältig ist und sich sehr unterschiedliche Identitäten dahinter verstecken. (...) Das ‚Andere' wird je nach eigener Identität unterschiedlich wahrgenommen. Wir alle haben unsere persönliche Brille, durch die hinweg wir eine andere Person so wahrnehmen, wie nur wir sie wahrnehmen können, geprägt durch unsere Persönlichkeitsanteile und durch bestimmte Erwartungshaltungen bestimmten ‚Andersartigkeiten' gegenüber. Und auch hier gibt es natürlich eine gewisse gesellschaftlich normierte Brillenfassung. (...) Denn nicht die Tatsache, daß wir aufgrund von Lebenserfahrung oder medialer Einflußnahme bestimmte Persönlichkeitsmerkmale mit bestimmten Bildern verknüpfen, ist problematisch. Entscheidend ist, wie wir mit diesen Bildern umgehen, ob wir die Personen, denen wir diese Bilder zuschreiben, auf eben diese reduzieren und ob wir daran Handlungen anknüpfen."

Unter dem Gebot des heutzutage als „vernünftig" bezeichneten Handelns begegnen wir nun der besonderen, wichtigen Herausforderung für unsere Menschlichkeit, die Katrin Wladasch in ihrem Aufsatz bis zur Frage verdichtet:

„Wer ist nicht gleich genug, um ungleich im Sinne von bevorzugt behandelt zu werden?" (Katrin Wladasch, *Wie viel Gleichheit braucht die Vielfalt?*, in Michael Rosecker und Bernhard Müller et al., *Gleichheit*, Wien 2007)

Es geht bei den Menschenrechten also um Normen für eine gleiche, „menschliche" Behandlung aller, unabhängig von all den Ungleichheiten, die z.B. durch biologische, soziale oder kulturelle Ursachen bedingt sind. Solche Ungleichheiten, nein, alle Ungleichheiten unter Menschen werden insofern für den der Möglichkeit nach weltgemeinschaftlich erreichten Grad von Erkenntnis und Einsicht überragt von einem Menschenbild, das vielleicht nicht erschöpfend in Worte zu fassen, aber gleichwohl sehr deutlich zu ahnen ist. Dieses Menschenbild ist keine Abstraktion, sondern eine Realität, die latent zutiefst mit uns Menschen verbunden ist. Das können wir uns zum Bewußtsein bringen, besonders wenn wir die gegenwärtigen Herausforderungen als Chancen für Neues verstehen.

Wirtschaftliche Zusammenarbeit

Wahrheit und Wirklichkeit verhalten sich in unserer gegenwärtigen Welt oft diskrepant zueinander. Menschsein und Menschenrechte beispielsweise sind etwas sehr Verschiedenes. Und würden wir vom Sein und den Rechten des Lebens an sich sprechen, also auch von Rechten, die unveräußerlich einem jeden Lebewesen, nicht nur dem Menschen, zukommen, hätte die Problematik der Entfernung des Tatsächlichen vom eigentlich Gemeinten sehr bald nahezu unerträgliche Dimensionen erreicht. Tagtäglich brummen und surren die Systeme, die uns Menschen – meistens hinlänglich, selten aufs Beste – versorgt sein lassen. Das entspricht der Wirklichkeit, die wir für uns, und nur für uns, auf Erden geschaffen haben. Dies weicht bezüglich der Folgen empfindlich von dem ab, was für das Weltganze sinnvoll und gut wäre. Im Bereiten der Wirklichkeit unserer existentiellen Lebensbedingungen haben wir uns von der Wahrheit der essentiellen Verbundenheit entfernt, auf der das Sein aller Formen und Arten des Lebens auf Erden beruht. Könnte das aus heutiger Sicht jemals wieder anders sein?

Versorgtsein und versorgen – darauf kommt es bei der Befriedigung der unvermeidlichen täglichen Bedürfnisse zuallererst an. Ohne Ernährung gibt es kein Leben. Buckelwale finden im Nordpolarmeer reichlich Krill und kleine Fische, Buchen gedeihen prächtig im milden Großklima der Nordhemisphäre. So ist es in der Natur. Während afrikanische Nomaden sich heutzutage nur noch von kläglichen Portionen Maisbrei und Kamelmilch ernähren, genießen in einem anderen Teil der Welt hippe Städter Tapas und kühlen Weißwein. So ist es unter den Menschen. Und immer gilt, daß kein Leben jemals ohne Nahrung sein kann. Alles existiert vom Prinzip her in einer gut gestalteten suffizienten Nahrungskette.

Wäre die Verteilungsgerechtigkeit gewahrt und würden wir Menschen die gut bekannten Bedingungen nachhaltigen Wirtschaftens beachten, wäre für uns und alle anderen Lebewesen alles gut und schön. Aber irgendwie haben wir irgendwann während der Entwicklung unseres komfortablen Lebensstils den Sinn für das rechte Maß verloren. Es ist wohl vor allem der Genuß, der den Menschen treibt und für seinen Umgang mit der Welt rücksichts- und erbarmungslos macht. Unter allen Lebewesen ist es nur der Mensch, der seine mehr als leiblichen Bedürfnisse derart zum Schaden seiner Mitwesen auslebt. Gerade auf diesen Bereich unserer Genußsucht ist der allergrößte Teil der Weltprobleme ursächlich zurückzuführen. Ändern könnte sich das nur durch uns selbst, die wir die Welt so nah an den Abgrund getrieben haben. Und auch hier sind es die berühmten kleinen Schritte, mit denen wir schließlich selbst weit scheinende Wege zu bewältigen vermögen. Wir könnten z.B. zunächst einmal den Vorgang der Ernährung in seiner ganzen Bedeutung verstehen, indem wir erleben und erkennen, daß alles Leben darauf beruht. Wir würden unser Frühstück, den Pausensnack oder ein Festmahl als Tor zur Welt erfahren, mit der wir uns mit jedem Brot, mit jedem Bier und jedem Atemzug verbinden, weil sie selbst – die Welt – es ist, die wir zu uns nehmen, um uns zu nähren. Es ist möglich, ganz ohne Sentimentalität, Formen dafür zu finden, die Wertschätzung der Nahrung alltäglich zum Ausdruck zu bringen. Ich bin mir sicher, daß dadurch manche gute Veränderung in der Welt begünstigt würde!

Dieser essentiell bedeutende Gesinnungsteil des Ernährungsvorgangs ließe sich zugleich um den existentiell wichtigen Teil des Wirtschaftens ergänzen. Denn: Wirtschaft ist alles, was der planmäßigen Befriedigung von Bedürfnissen dient! Sie ist für uns alle die unverzichtbare Grundlage des Seins. Wirtschaft und Leben bedingen einander. Das könnten wir zur besten Praxis steigern, weil wir es doch so genau wissen und – mindestens in jedem Mangel – so hart und unverstellt erleben. Tatsächlich haben sich vorangegangene Generationen bereits daran gemacht, die Wirtschaftsfrage mit der Frage nach der Umsetzung der Menschenrechte zu verbinden. Gemeinschaft und Gemeinsamkeit könnten in ein dem Leben dienliches Gleichgewicht tariert werden, wenn – ja, wenn wir nur täten, was wir uns aus guten Gründen schon vor Jahren in großen Lettern auf die Fahnen geschrieben haben.

Der 1961 in der Nachfolge der OEEC (*Organisation for European Economic Co-operation*) gegründeten OECD (*Organisation for Economic Co-operation and Development*) gehören gegenwärtig 34 Staaten an, die es sich u.a. zum gemeinsamen Ziel gemacht haben, gegenüber Firmen und Konzernen mit besonderen Leitlinien für die Einhaltung der allgemeinen Menschenrechte einzutreten. Ein hehres Ziel,

BESSERE POLITIK FÜR
EIN BESSERES LEBEN
Deutsches Logo der OECD

besonders weil gerade bezüglich der Menschenrechte Ideal und Wirklichkeit meistens weit voneinander entfernt sind! Was die Lebensgrundlagen und -bedingungen für ein Subjekt sind, entscheidet bereits vom ersten Moment des individuellen Lebens an über seine Teilhabe an dem, was auf dem gegenwärtig erreichten Stand der kulturellen Entwicklung der Weltgemeinschaft völkerrechtlich als Standard für ein würdiges Leben gilt. Natürliche und juristische Personen existieren weltweit unter sehr unterschiedlichen Bedingungen. Dennoch können trotz dieser offenkundigen Verschiedenheiten natürlich alle Personen Teil einer (Welt-) Gemeinschaft sein, die sich als verbindende Gemeinsamkeit auf einen Wertekodex verständigt, den es trotz oder gerade wegen aller Unterschiedlichkeiten bestmöglich umzusetzen gilt. Dieses Anliegen bildet den gemeinsamen Nenner für das Engagement der OECD, indem Firmen und Konzernen sogar die wichtige Funktion zugeschrieben wird, die Einhaltung der Menschenrechte in den jeweiligen Staaten zu schützen.

„Die Tatsache, daß ein Staat einschlägige nationale Gesetze nicht durchsetzt bzw. eingegangene internationale Menschenrechtsverpflichtungen nicht umsetzt oder daß er diesen Gesetzen bzw. internationalen Verpflichtungen möglicherweise zuwiderhandelt, verringert nicht die Verantwortung der Unternehmen, die Menschenrechte zu achten. In Ländern, in denen die nationalen Gesetze und Vorschriften mit den international anerkannten Menschenrechten in Konflikt stehen, sollten sich die Unternehmen im Einklang mit Ziffer 2 des Kapitels I ‚Begriffe und Grundsätze' um Mittel und Wege bemühen, sie so weit wie irgend möglich einzuhalten, ohne mit dem geltenden Recht des jeweiligen Landes in Konflikt zu geraten." Unternehmen sollen *„sich um Mittel und Wege bemühen, negative Auswirkungen auf die Menschenrechte zu verhüten oder zu mindern, die aufgrund einer Geschäftsbeziehung mit ihrer Geschäftstätigkeit, ihren Produkten oder Dienstleistungen unmittelbar verbunden sind, selbst wenn sie nicht zu diesen Auswirkungen beitragen."* *(OECD-Leitsätze für multinationale Unternehmen, Neufassung, Paris 2011)*

Daran könnten wir beim nächsten Online-Kauf unsere Entscheidung ausrichten!

Würden wir uns für die Einhaltung der Menschenrechte bewußt engagieren, hätte das zugleich direkte Folgen für das gesamte Leben auf Erden. Das rechte Maß kennen wir. Wir haben auch einen ausgeprägten Sinn für dieses Genug, denn jede Unter- oder Überversorgung läßt uns schließlich sogar ganz persönlich leiden. Die Erfahrung von Lebensqualität ist aufs engste mit der suffizienten Versorgung verknüpft – organismisch und sozial. Würden wir das erkennen, statt es solange wie möglich um des berauschenden Konsums willen zu ignorieren, hätten wir die ersten Schritte auf einem endlich wieder guten Weg getan. Was also müßte geschehen, um in der kritischen Gegenwart das Blatt noch zugunsten des Lebens zu wenden?

Die Chance!

Im ersten Buchteil im Kapitel über *Sein und Haben* ging es um die „Genialität", mit der wir Menschen die ganze Welt in eine so miserable Situation gebracht haben, daß wir heute nicht wissen, wie wir all das wieder halbwegs in Ordnung bringen können, was wir im Laufe von nur wenigen Jahrhunderten angerichtet haben. Was können wir in dieser Lage tun? In besagtem Kapitel klang bereits an, daß uns die Verhältnisse im Zeitalter der Megamaschine in eine allgemeine innere Verfassung versetzen, die derjenigen von Folteropfern nicht unähnlich ist: Nichts ist mehr sicher, der solide Boden für ein gutes Weltvertrauen ist weg, uns ist eng und ängstlich zumute. Dennoch ist Handeln das Gebot der Stunde. Aber wie? Könnte es dennoch sein, daß die Angst, die sich angesichts der unübersehbaren Risiken einstellt, eine wichtige Chance umkleidet?

Daß ich nichts schönreden will, werden Sie mir vielleicht abnehmen, wenn Sie sich jetzt an das erinnern, was auf den vorangegangenen Seiten dieses Buches geschrieben steht oder was Sie aus meinen anderen Büchern bereits kennen. Die Lage, in der wir uns insgesamt befinden, ist brandgefährlich, keine Frage! Um so wichtiger ist es, nach Voraussetzungen, Ideen und Methoden zu suchen, die uns in angemessener Weise genial sein lassen, denn nur so können wir das Blatt noch wenden.

Es zeigt sich immer wieder, daß ungewohnliche Grenzerfahrungen – vom Leben bereitet oder vom Menschen bewußt gesucht bzw. herbeigeführt – eine besondere Art der Kreativität und Genialität fördern, die die Möglichkeiten des Menschen weit über das Maß des Alltäglichen hinaus steigern. Dafür gibt es zahllose Beispiele. Historisch belegt ist, daß der spanische Eroberer Hernando Cortez im Jahr 1519 jene elf Schiffe verbrennen ließ, mit denen er zuvor mit 700 Mann von Kuba nach Mexiko gesegelt war. Er hatte seinen Männern damit die Möglichkeit des Rückzugs genommen, was dazu führte, daß sie sich der Übermacht des mexikanischen Heeres mit dem Mut der Verzweif-

Hernán Cortés (15. Jahrh.)

lung erfolgreich entgegenwarfen. Sie vollbrachten etwas eigentlich Unmögliches, bis dahin Unvorstellbares, weil es für sie keinen Weg zurück mehr gab!

So spektakulär diese Begebenheit auch ist, steht sie dennoch exemplarisch für das, was jedem Menschen im persönlichen Leben – mehr oder weniger heftig – immer mal wieder begegnet, nämlich die Konfrontation mit einer Krise! Außerdem steht die Entscheidung des Offiziers für jene absolut ungewöhnliche Art der Entscheidung, die in vermeintlich auswegloser Lage die Chance auf ein Fortkommen ermöglicht.

Worum geht es? Um der Antwort etwas näher zu kommen, stellen Sie sich jetzt bitte vor, daß Sie – in einem Zirkus oder Varieté – Akrobaten zuschauen, die sich in luftiger Höhe grazil und sicher bewegen. Darüber staunen Sie, weil Sie sich erstens darin sicher sind, es so ganz sicher nicht zu können, und weil Sie aber, zweitens, im selben Augenblick wissen, daß auch Sie es „eigentlich" könnten, wenn Sie keine Höhenangst hätten, genug trainieren würden usw. Sie erleben staunend, was ein Mensch – und das sind Sie ja auch – prinzipiell so alles kann. Sie werden mit den Mitteln der Kunst gleichsam über sich selbst hinausgeführt. Sie blicken auf das Portfolio der Möglichkeiten des Menschen. Der zirzensische Zauber beruht eben genau darauf, daß Menschen sich mit dem Ungewöhnlichen staunend verbinden. Kinder haben es damit natürlich leichter als wir Erwachsenen.

Wenn Sie sich nun nicht in einem Zirkus befinden, sondern im vierten Stock eines brennenden Hauses, und wenn der einzige, ihnen noch offenstehende Fluchtweg über den Balkon und das Fallrohr zum Bürgersteig hinabführt, werden Sie diesen Weg vermutlich beschreiten – aller Höhenangst und mangelnden Übung zum Trotz. Bis Sie wieder sicheren Boden unter den Füßen spüren, werden Sie hochkonzentriert und wach versuchen, die Aufgabe zu meistern.

Ebenso ging es den Soldaten am mexikanischen Strand: Sie waren gezwungen, sich dem eigentlich Unlösbaren ganz und gar zu stellen! Auch die Akrobaten auf dem Hochseil, oder der Fliehende am Fallrohr, müssen mit der jeweiligen Situation total verschmelzen, um sie zu einem glücklichen Ende bringen zu können. Darauf, nicht mehr bei sich selbst, sondern ganz bei der Sache sein zu können, kommt es vor allem an. Es ist der absolute Glauben an eine mögliche Zukunft, die den Menschen über sich selbst hinaus mit der Welt verbunden sein läßt. Hier tritt die Chance zutage, die mit jener Situation verbunden ist, in der wir alle uns gemeinsam und global befinden: Wir müssen Lösungen finden, die es erfordern, daß wir dazu ganz und gar mit der Welt verschmelzen. Eine solche Erfahrung mitweltlicher Verbundenheit liefert einen wichtigen Aspekt für den Umgang mit den Krisenerfahrungen im Hier und Heute. Wenn wir unseren Lebensraum mitweltlich erleben, wenn wir den Sorgen, Nöten und Leiden unserer Mitwesen empathisch und total identifiziert begegnen, kommen wir der Lösung der drängenden Fragen unseres Lebens und unserer Zeit um ein gutes Stück näher.

Eine neue Zeit und Kultur

Offensichtlich nimmt die Zahl derer zu, die ein Engagement für Welt und Leben für sinnvoll erachten. Es sind mittlerweile 31 Prozent der Menschen, die daran glauben, daß sie Einfluß auf die Welt und den Gang der Dinge haben. Dieses Bewußtsein, diese Überzeugung von der Selbstwirksamkeit kann Gutes und Großes ermöglichen, zumal in den Jahren von 1992 bis 2012 der Anteil derer, die sich als machtlos sehen, von 50 auf 30 Prozent gesunken ist. Diese Entwicklung vollzog sich ganz sicher nicht von ungefähr, sondern ist Ausdruck einer Entwicklung, die sich menschengemeinschaftlich ereignet hat und in die sich jeder einzelne Mensch einbringen kann. Befinden wir uns möglicherweise am Beginn einer neuen Zeit und Kultur, die wir als Menschengemeinschaft, sehr viel weiter reichend als noch in früheren Zeiten, engagiert und aktiv erschaffen können?

Persönlich bejahe ich die zuletzt gestellte Frage aus tiefer Überzeugung. Und ich sehe mit diesem Merkmal unserer Zeit eng verknüpft, daß die gemeinschaftliche Entwicklung auf einem guten und global heilenden Lebensprozeß beruht, der jedem Menschen zugänglich ist. Allerdings markieren persönliche, gemeinsame und globale Krisen die Schwelle, die es zu überschreiten gilt. Daran läßt sich nicht zweifeln, weil es uns täglich begegnet. Die Megamaschine zwingt uns Menschen zu einem Handeln, das nur sehr selten mit unseren Idealen von ökologischer Verträglichkeit und sozialer Gerechtigkeit zu vereinbaren ist. Die Folgen für die Art unseres Umgangs miteinander lassen darin nicht lange auf sich warten. Und schließlich ist die ganze Lebewesenwelt von dieser unseligen Dynamik erfaßt, die in Richtungen treibt, die vom Kern dessen wegführen, was wir als menschlich im besten, moralischen Sinne empfinden.

Aber das ist es ja gerade: Wir werden auf das mittlerweile Ungewöhnliche aufmerksam, nämlich darauf, daß wir die Qualität unseres Lebens in einer mitweltlichen Verbundenheit erfahren, von der uns die vorherrschende Lebensart weiter und weiter wegtreibt. Diese Verbundenheit können wir vollbewußt erkennen, erleben und schließlich wollen. Diese Chance wird uns in den Unbilden der Gegenwart in besonderer Weise geboten.

Krisen entzünden sich immer an der Spannung zwischen einer Ist-Situation und einem Soll-Zustand: Die Welt könnte eigentlich ganz anders sein. Darin erleben wir in ein und demselben Moment den Anblick der Gegenwart und den Ausblick auf eine mögliche Zukunft. Richtig problematisch wird es aber, wenn wir uns vom Anblick der Gegenwart gefangennehmen lassen, indem wir die Bedeutung und Realisierbarkeit der Zukunft nur deshalb unterschätzen, weil wir uns nicht zutrauen, das eigentlich Mögliche zu vollbringen. Darin liegt die eigentliche Schwachstelle. Wir wissen viel über Ist und Soll, handeln aber nicht. Wir unterschätzen die Möglichkeit, daß wir im Bemühen um eine Lösung über uns selbst hinauswachsen und Fähigkeiten entwickeln, die für uns vorher unvorstellbar waren. Zusammengefaßt geht es um einen Prozeß, der über vier Etappen führt, die wir alle recht gut kennen:

– Wir bemerken, was für eine gute Zukunft getan werden müßte;
– wir suchen ganz neue Ideen und Fähigkeiten;
– wir beschreiten dafür bislang unbekannte Wege;
– wir verstehen die Aufgabe und wagen die Lösung.

Gleichen Sie die eben entwickelten Gedanken jetzt einmal mit den vorhin gegebenen Beispielen ab: Die Akrobaten verschaffen Ihnen ein bestimmtes Erlebnis von dem, was ich meine, und in einem brennenden Haus würden Sie das Gemeinte ohne langes Zögern umsetzen! Oder?

Transformation

Entwicklung, Fertigung und Verteilung – von was auch immer – sind in unserer heutigen Welt keinem einzelnen Menschen mehr möglich, sondern erfolgen immer gemeinschaftlich und globalisiert. Das gilt für alle Konsumgüter, für die Kleidung, die vielen Nahrungsmittel, den Computer, an dem ich gerade schreibe, für das Buch, das Sie gerade in Händen halten und, und, und. Unser ganzes Leben beruht auf gemeinsam erbrachten Leistungen. Das ist schnell verstanden. Ebenso wissen wir heutzutage sehr gut, daß wir auch bezüglich der Folgen unseres Lebens weltweit miteinander verbunden sind. Was in irgendeinem Teil der Welt in noch so kleinen Lebenszusammenhängen geschieht, hat Folgen für alles und alle. Die soziale und die ökologische Frage sind auf engste miteinander verknüpft.

Alle, denen die Veränderung bestehender Verhaltensweisen im Sinne von mehr Zukunftsgerechtigkeit ein Anliegen ist, können erkennen, daß die faktisch bestehende Verknüpfung der sozialen und ökologischen Herausforderungen als solche zwar anfänglich erlebt, aber insgesamt noch zuwenig bedacht wird.

Auch die Geschichte des Menschen ist stets eine solche, die durch mehr oder weniger gravierende Veränderungen führt. Im kleinen bringt jeder Tag die sprichwörtlich neue Chance, indem Möglichkeiten und Eignungen als Voraussetzungen für jede Form von Leistung zu einem Geschehen der Entwicklung verwoben werden. Einzelne Menschen wirken mit jedem Tun und Lassen im großen und ganzen. Umgekehrt gilt zugleich, daß kein einzelnes Leben vom Großen und Ganzen unberührt ist. Nichts bleibt, wie es ist; immer ereignen sich Veränderungen. Es wird schnell sichtbar, daß transformative Prozesse, die jeden Menschen erreichen, das ganze Leben durchziehen. Genau das gilt es zu verstehen und zu ergreifen! Schauen wir uns das zunächst bezüglich der ökologischen Gegenwartsproblematik etwas genauer an.

Die Veränderung

Die beiden fundamentalsten Transformationen der Menschheitsgeschichte wurden durch die Neolithische Revolution, die Ackerbau und Viehzucht brachte, und die industrielle Revolution ausgelöst. Jetzt – nur etwa 200 Jahre, nachdem mit der Industrialisierung damit begonnen worden war, die ganze Welt in eine riesige Fabrik zu verwandeln – zeichnet sich eine weitere gravierende Transformation für die Menschenwelt

Claus Leggewie (2010) (Ausschnitt)

ab, indem die Folgen des anthropogenen Klimawandels zu so drängenden geworden sind. Es ist nicht mehr möglich, sich der sich abzeichnenden Umwälzungen zu entziehen.

Im April 2011 wurde ein Gutachten vorgestellt, das vom *„Wissenschaftlichen Beirat der Bundesregierung Globale Umweltveränderungen (WBGU)“* erarbeitet worden war und dem man den Titel *Welt im Wandel – Gesellschaftsvertrag für eine Große Transformation* gegeben hatte. Im Kern geht es in dem Gutachten um die Transformation zu einer klimaverträglichen postfossilen Gesellschaft.

Bereits zwei Jahre vorher, im Juni 2009, hatte in Essen unter der Federführung des Kulturwissenschaftlichen Instituts (KWI) die internationale Konferenz *„The Great Transformation. Climate Change as Cultural Change“* stattgefunden. Claus Leggewie, Direktor des KWI, hob damals hervor: *„Klimawandel bedeutet Kulturwandel. Damit wir neue Marktordnungen, neue Formen globalen Regierens und neue Techniken anwenden können, bedarf es eines tiefgreifenden Bewußtseinswandels und einer neuen Kultur der Teilhabe.“* (Quelle: idw-online.de) Damit hatte er den Nagel auf den Kopf getroffen, denn – so simpel es auch klingt – die ausgreifenden Transformationsprozesse verändern nicht nur die Welt, sondern ebenso fundamental auch den Menschen selbst. Das darf nicht übersehen werden, insbesondere dann nicht, wenn es darum geht, sich über die menschlichen Fähigkeiten zum Wandel Klarheit zu verschaffen. Sind wir überhaupt in der Lage, die anstehenden Umwälzungen zu überstehen? Also: Begegnen wir der Transformation mit dem dafür nötigen Quantum an Entwicklungsbereitschaft?

Im vorangegangenen Kapitel habe ich vier Etappen beschrieben, die in der prozessualen Erfahrung mitweltlicher Verbundenheit enthalten sind. Um die zweite dieser Etappen (*Wir wissen, daß wir das Problem nicht einfach lösen können, sondern daß wir dafür ganz neuer Ideen und Fähigkeiten bedürfen.*) geht es bezüglich der Transformation. Das bedeutet beispielsweise, daß wir mit den Folgen der Industrialisierung und Monetarisierung konfrontiert sind, indem wir den Klimawandel als existentielle Herausforderung erleben. Wir erkennen spätestens jetzt, daß es so wie bisher nicht weitergehen kann. Die Lage ist eine auf Gedeih oder Verderb, denn zukunftsgerechte Weltverhältnisse – also Lebensbedingungen, in denen die uns nachfolgenden Generationen gut existieren können – sind nicht möglich, wenn wir in derselben Art wie bisher weiter wirtschaften. Es ist klar, daß wir gemeinsam und individuell etwas schaffen müssen, das wir noch nicht genau genug kennen: Wohlstand ohne Wachstum!

Die bislang vorherrschende Art des Wirtschaftens und Haushaltens taugt nicht mehr. Nun kommt es darauf an, daß wir uns eine jedenfalls ungefähre Vorstellung von dem bilden, was Leben und Wirtschaft in Zukunft sein könnten. Und es kommt darauf an, daß wir das Risiko eingehen, uns dahin auf den Weg zu machen. Bezüglich der allgemeinen globalen Weltverhältnisse können wir nicht anders; wir sind dazu gezwungen, den Wandel zu wagen. Die Zeitverhältnisse selbst sind es, die uns auf den Weg bringen, auf dem wir selbst auch zu anderen Menschen werden.

Stellen wir jetzt dem für den Einstieg in dieses Unterkapitel gewählten Beispiel des anthropogenen Klimawandels noch eines des persönlich-alltäglichen Lebens zur Seite. Jeder erwachsene Mensch wird zustimmen, daß es angenehme und unangenehme Seiten des Lebens gibt. Und er wird erklären können, was damit aus seiner Sicht konkret gemeint ist. Die Erwerbsarbeit werden die allermeisten Menschen als notwendiges Übel bezeichnen, während die Freizeit als angenehme Gelegenheit für frei gewählten Genuß gilt. Wir alle sind mit unseren Lebensbedingungen mehr oder weniger zufrieden und haben zugleich eine Vorstellung davon, wie es anders und viel besser sein könnte. Aus diesem dauernden unterschwelligen Abgleich des einen mit dem anderen, des Unangenehmen mit dem Angenehmen heraus verankern wir uns in *zwei Welten*, in der realen und in der idealen.

Robert Pfaller (2016) (Ausschnitt)

Der österreichische Philosoph Robert Pfaller hat diese bemerkenswerte Tatsache des menschlichen Lebens erforscht (Robert Pfaller, *Zweite Welten und andere Lebenselixiere*, Frankfurt am Main 2012) und kommt u.a. zu dem unschwer nachvollziehbaren Schluß, daß die zweite Welt der Ideale, Wünsche und Rückzüge die erste Welt des Alltags stabilisiert und überhaupt erst erträglich macht. Stellvertretend für vieles könnte man sagen: Würde man sich nicht auf den Feierabend freuen, wäre der Arbeitstag nur schwer zu überstehen. Aber es sind und bleiben erst einmal zwei ganz verschiedene Welten. Eine kontinuierlich wirkende Spannung entsteht dadurch, daß wir es uns zumuten, in beiden Welten so leben zu wollen, daß wir sie unterscheiden und auseinanderhalten. Leichtsinnigerweise akzeptieren wir, daß unsere zweite Welt mit der allgemeinen, unwirtlichen Seite unseres Lebens nichts zu tun haben soll. Übertragen auf jene Vorstellungen von zukunftsgerechten Lebensverhältnissen wäre ein Scheitern vorgegeben, wenn wir an diesem Trugschluß festhalten.

Zwei Welten wieder vereinen

Der US-amerikanische Aktivist Charles Eisenstein gab einem seiner Bücher den vielsagenden Titel *Die schönere Welt, die unser Herz kennt, ist möglich* (München 2014). Darin beschreibt er jenes Wissen, das Robert Pfaller in den „zweiten Welten" verortet. Und er deutet auf die immanente Problematik, die sich ergibt, weil jene „schönere Welt" von uns im allgemeinen mit den alltäglichen Erfahrungen zu wenig verbunden wird. Charles Eisenstein, der 1989 an der renommierten Yale-Universität in Mathematik und Philosophie graduierte, wählte das Prädikat „schön" für jene andere, mögliche Welt. Darin drückt sich nicht etwa sentimentales Empfinden aus, sondern seine Überzeugung als Mathematiker, daß der wahre Gehalt einer Aussage oder Erfahrung als „schön" erlebt wird. Der Psychologe Rolf Reber hat zusammen mit einem Team an der Universität in Bergen (Norwegen) untersucht, inwiefern das Erlebnis von Schönheit zur sogenannten „Verarbeitungsflüssigkeit" beiträgt (engl. *„processing fluency"*) – gemeint ist damit die Geschwindigkeit der Verarbeitung von Informationen.

Dafür experimentierten die Forscher mit einfachen mathematischen Aufgaben, deren richtige oder falsche Lösungen mit Punkten dargestellt wurden. Die Probanden – allesamt Nichtmathematiker –hatten nur Millisekunden Zeit, darüber zu befinden, ob die dargestellten Ergebnisse richtig oder falsch waren. Errechnen konnten sie nichts, sondern nur nach dem Grad der erlebten Schönheit folgend urteilen, in der Darstellung des Verhältnisses der Aufgaben und Lösungen zueinander. (siehe *Schönheit als Indiz für mathematische Wahrheit*, auf: scinexx.de) Die Experimente bestätigten schließlich die Hypothese, daß Schönheit als Ausdruck von Wahrheit erfahren wird und daß dar-

Rolf Reber (2010)

aus treffsicher Urteile abgeleitet werden können!

Dadurch, daß man sich in der Schönheit einer zweiten Welt ergeht, kann der schnöde Alltag in den ersten Welten erträglich gemacht werden. Bemerkenswerterweise lenken die Forschungsergebnisse Rolf Rebers darüber hinaus die Aufmerksamkeit darauf, daß wir Menschen überhaupt über einen Sinn für Schönheit verfügen, der uns, sogar ganz unabhängig von persönlichen Vorlieben und Geschmack, etwas *objektiv Schönes* als solches erleben läßt. Mathematik ist nämlich untrüglich und die Wahrheit einer Aussage etwas anderes als eine Lüge. Das hat mit Geschmack nichts zu tun. Eine bestimmte Farbe wirkt beruhigend, unabhängig davon, ob sie uns in einem abstrakten Gemälde, einer angestrichenen Wand oder durch ein Kleidungsstück vor Augen tritt. Dabei erleben wir Schönheit nicht am Blau, sondern an seiner mit der Welt absichtlich verbundenen Wirkung. Es ist eine besondere und innerhalb der Lebewesenwelt herausragende Begabung des Menschen, daß er die beiden Welten, die ersten und die zweiten, bewußt und willentlich miteinander verbinden kann. Ich stimme Charles Eisenstein zu: Die schönere Welt, die unser Herz kennt, ist möglich! Allerdings nur unter der Voraussetzung, daß wir das erlebte Schöne willentlich mit unserer Mitwelt verbinden bzw. es darin verstärken.

Vielleicht begegnen wir damit unserer entscheidenden Aufgabe, der „Mission Mensch", und lernen uns unter ganz anderen Vorzeichen neu kennen. Denn so berechtigt und notwendig es ist, daß wir uns Sorgen um den Zustand der Welt machen, so bemerkenswert ist, wie sehr wir den Menschen darin kritisieren. Kein anderes Lebewesen – kein Beikraut, keine gefräßige Schnecke, kein Krokodil o.ä. – kommt so schlecht weg, wenn es darum geht, über achtsames bzw. unachtsames Verhalten zu befinden. Implizit legt diese Kritik ihren Finger in die Wunde des Versäumnisses, die schöneren, zweiten Welten mit den ersten nicht verbunden zu haben.

Der Mensch als bedauerlicher Unglücksfall im Gang der Weltentwicklung? Der „Homo sapiens sapiens" als bloß weltzerstörendes Ungeheuer? Die Liebe des Menschen zum Menschen ist – gelinde gesagt – gefährdet, weil seine beste Fähigkeit verkannt wird. Den transformativen Prozessen, auf die es ankommt – heute mehr denn je –, können wir im Weltganzen den ihnen gebührenden Raum geben, wenn wir sonst getrennte Welten verbinden. Über Sinn und Fähigkeit dazu verfügen wir. Unser eigenes Lebensgefühl vermag uns sehr präzise Auskünfte zu geben, wenn wir danach fragen, was wir als angenehm, liebevoll und beruhigend empfinden. Stellen wir uns z.b. einmal vor, wir würden dieses Gefühl zum Gradmesser dafür machen, wie wir Räume gestalten. Und das nicht nur bezüglich unserer Wohnräume, sondern auch dann, wenn es um Kindergärten, Schulen, Kliniken, Universitäten usw. geht. Dann sähe die Welt schnell ganz anders aus. Das innerlich als schön und gut Erlebte schlechthin zur Grundlage der Entwicklung und Pflege des Lebensstils und der Lebensräume zu machen läßt uns schließlich im besten Sinne mitmenschlich werden – und es verändert und wandelt (auch) uns.

Genug Vertrauen? Unvernünftig anspruchsvoll

„Wer nur vernünftig ist, funktioniert wie eine Maschine. Das ist nicht lebenswert. Wir arbeiten dann ständig dafür, unser Leben zu finanzieren und zu verlängern. Aber wir fragen uns nicht, wofür wir überhaupt am Leben sind. Erst wenn wir unvernünftige Dinge tun, tanzen, trinken oder uns verlieben, haben wir das Gefühl, daß es sich zu leben lohnt." (Robert Pfaller, zeit.de)

Daß alles von verschiedenen Seiten aus betrachtet werden kann und daß der Wechsel der Perspektive Ungewöhnliches zu erschließen vermag, ist bekannt. Zum Verständnis dieses Sachverhalts wird gern zitiert, daß ein Bildhauer, wenn er den Stein behaut, entweder ein vorher geschaffenes Modell umsetzt oder daß er eine Figur zur Erscheinung bringt, die vorher im rohen Stein verborgen war. Illustriert wird damit die grundverschiedene Einstellung des Künstlers zur Aufgabe. Und darum ist die Essenz auch so gut auf das Leben übertragbar: Es kann aufgrund von Plänen geformt oder so gelebt werden, daß ein Mensch zur Erscheinung bringt, was ihm in den Prozessen des Lebens und aus den dadurch bedingten Veränderungen persönlich zukommt. Letzteres beruht keinesfalls auf einem passiven Verhältnis zum Leben, sondern auf einer Aktivität, die höchst wachsam und konzentriert ist. Auch das wird am Beispiel des Bildhauers deutlich. Vor allem aber beruht es auf einer Art der Verbundenheit, die jene zwei Welten – die der aktuellen

Gegenwart und die der möglichen, idealen Zukunft – willentlich miteinander vereint.

Unsere Vernunft gebietet es uns für gewöhnlich, die Verhältnisse, in denen wir leben und handeln, zu beherrschen (erste Welt). Sich einfach im Strom des Lebens treiben zu lassen (zweite Welt) steht indessen in schlechtem Ruf. Zwar genießen wir es im Urlaub, einfach auf den Wellen des Meeres zu dümpeln, aber mit den Dingen im „wirklichen" Leben gehen wir anders um. Dennoch erinnern wir nach nicht langem Nachdenken manche Lebenssituationen, die herausfordernd waren und die wir vielleicht nur deshalb meistern konnten, weil wir uns – entgegen der vordergründigen Vernunft – von den Verhältnissen haben leiten lassen. Das mußten nicht einmal Notsituationen gewesen sein (z.B. das nicht sachgerechte Verhalten im Straßenverkehr, das einfach „über uns kam" und einen Unfall verhinderte), sondern möglicherweise ganz profane Erfahrungen im gewöhnlichen Leben (z.B. die Begegnung mit einem netten Menschen, nur weil wir uns einfach so in der Eisenbahn auf ein Gespräch mit einem unbekannten Mitreisenden eingelassen haben), die uns darüber belehren, daß ausgerechnet jenseits der Vernunft Lösungen und Entwicklungsimpulse zu finden sind.

Dennoch ist es schwer, den sicheren Boden des Vertrauten und Vernünftigen zu verlassen. Es ist schlicht deswegen so schwer, weil sich im Leben immer alles verändert, also wandelt. Wohin die sprichwörtliche Reise geht, wollen wir aber möglichst weitgehend selbst beeinflussen. Wir geben die Zügel nicht gern aus der Hand. Das Dilemma ist vollständig, wenn wir bedenken, daß jeder Vorgang der Transformation zu Unerwartetem führen kann. Wer aber Veränderung will, kann schließlich nicht erwarten, daß alles so bleibt, wie es ist. Um diese Erwartung aufgeben zu können, ist neben der mitweltlichen Verbundenheit ein Vertrauen gefordert, sich auf Unbekanntes willentlich und bewußt einzulassen. Schwierig ist das deswegen, weil wir damit gegen unsere Gewohnheit handeln, aus der heraus wir eher im Bekannten verweilen, auch wenn das erkennbar unvernünftig ist. So haben Experimente gezeigt, daß Menschen sich bei den Alternativen „Risiko" und „Ungewißheit" sogar bevorzugt für das Risiko entscheiden.

Der Ökonom und Friedensforscher Daniel Ellsberg hat dieses Phänomen erstmals in den 1960er Jahren erforscht und ist zu der Erkenntnis gelangt, daß diese Art des Entscheidens nicht etwa von der mehr oder weniger ausgebildeten Risikobereitschaft eines Menschen abzuleiten ist („Ellsberg-Paradoxon"). Die Ursache liegt woanders, nämlich in dem Grad der erlebten Fremdheit. Experimente mit einer Gruppe von Managern brachten das ans Licht. Man verlangte den Firmen-

Daniel Ellsberg (2016) (Ausschnitt)

lenkern die Entscheidung ab, in welchem Land sie bevorzugt investieren würden: in Land 1, für das historische Erfahrungswerte vorlagen (Risiko) oder Land 2, über das nur wenige, unsichere Daten verfügbar waren (Ungewißheit). Obwohl das zu tätigende Geschäft in Land 2 profitabler zu sein schien, entschied sich die überwiegende Zahl der Manager für Land 1. Was diesem Phänomen zugrunde liegt, können Sie nachvollziehen, wenn Sie bedenken, daß das Gefühl der Fremdheit in unbekannten Ländern und Kulturen erleichtert oder sogar beseitigt wird, wenn Reisende auf Landsleute treffen oder gar mit ihnen reisen. Es ist leichter, in Bekanntem zu leben, zu handeln und zu verweilen, auch wenn damit sogar Nachteile verbunden sind.

Aber die Verhältnisse, in denen wir uns insgesamt befinden, verlangen etwas anderes. Veränderungen sind darin sogar derart dringend geboten, daß das Überleben mindestens für die kommenden Generationen davon abhängt. Wiederum begegnen wir einer einzigartigen Chance dafür, den Anstoß zu einer Entwicklung zu erfahren, die uns sonst nur schwer möglich wäre: Die Zeitverhältnisse verlangen von uns, daß wir, unserem gewöhnlichen Verhalten zuwider, den Schritt ins Ungewisse wagen. Wir können gar nicht anders, als das zu tun und uns vertrauensvoll in Prozesse zu geben, die nicht nur die Welt, sondern auch uns selbst wandeln!

Berührtsein

Tatsächlich sind wir es gewohnt, uns den Dingen und Herausforderungen in unserem alltäglichen Leben nur sehr vorsichtig zu nähern. Wir betrachten sie zuerst gern distanziert, mit gebührendem inneren und äußeren Abstand. Dazu werden wir (leider) sogar immer wieder animiert. Was wir im Erwerbsleben (erste Welt) erfahren haben, sollen wir möglichst nicht mit nach Hause (zweite Welt) bringen. Vor dem Besuch eines Theaters oder einer Party legen wir unsere Alltagsidentität ab. Ärzte prüfen die Beschwerden ihrer Patienten ganz sachlich, sie kümmern sich um Krankheiten, nicht um Menschen. Sogar in den meisten Schulen geht es nicht um eine Atmosphäre des Wohlgefühls, sondern um die Vorbereitung auf das „wirkliche" Leben. Wen wundert es, daß es um die Welt mittlerweile so schlecht bestellt ist?

Am Ende des vorigen Kapitels habe ich vier Facetten benannt, die zu jener Erfahrung gehören, die ich mitweltliche Verbundenheit genannt hatte. Mir lag daran, Ihnen nahezulegen, sich eben nicht distanziert mit einer Aufgabe oder Herausforderung zu beschäftigen, sondern, ganz im Gegenteil, mit größtmöglicher, wacher Empathie. Indem ich das vorschlage, bin ich mir wohlbewußt darüber, daß ich damit das gewohnte Verhalten der allermeisten total in Frage stelle. Und es ist auch nicht einfach, mitweltliche Verbundenheit zu erleben. Wie geht es einem Menschen, wenn er sich so in die Lage eines leidenden Mitmenschen versetzt oder gar den Schmerz der Welt teilt, als ginge es um ihn selbst? So schwer es ist, darin das rechte, individuell erträgliche Maß zu finden, so bemerkenswert ist, daß die Zeitverhältnisse genau in diese Richtung leiten und daß die Zahl derjenigen Menschen stetig steigt, die diese mitweltliche Verbundenheit fühlen und die ihre Entscheidungen und ihre Lebensführung danach ausrichten. Das setzt einen transformativen Prozeß in Gang, an dessen Beginn wir uns als globale Menschengemeinschaft gerade befinden.

Es ist möglich, Voraussetzungen und typische Merkmale dieses Prozesses zu analysieren und methodisch zu erschließen. Wenn Menschen sich mit der Welt eins fühlen, das gegenwärtige Leben also nicht distanziert und innerlich unbeteiligt erfahren, werden die Schritte in die Zukunft andere sein. Normalerweise werden Wege im Bewußtsein eines Ziels beschritten. Wer sich auf den Weg begibt, weiß in der Regel, wo er oder sie hinwill. Im alltäglichen Leben erwerben wir uns dafür Kenntnisse, gleichgültig, ob wir nun für den Weg zum Bahnhof den Stadtplan studieren oder für den Weg durchs Leben eine Finanzplanung aufstellen. Die Erfassung eines Ziels ist aber so nicht möglich, wenn es um die Zukunft des Lebens auf Erden geht. Zu viele Faktoren wären zu berücksichtigen, und ein großer Teil der sich abzeichnenden Entwicklungen ist auf der Basis des Wissens von heute nicht zu deuten. Gleichwohl wissen wir, wie sehr unsere Lebensart für die Sicherung oder Gefährdung zukünftigen Lebens ausschlaggebend ist. Wir wissen auch sehr gut, daß wir darum nicht leichtfertig entscheiden und leben dürfen. Aber wie können wir sachgerecht und verantwortlich entscheiden, wenn wir nur so wenig über das wissen, worum es geht?

Die US-amerikanische Wissenschaftlerin Saras D. Sarasvathy hat dafür ein Konzept entwickelt, das sie „Effectuation" genannt hat. Es findet sich darin aufbereitet, welcher Entscheidungslogik erfolgreiche Menschen in Situationen absoluter Ungewißheit gefolgt sind. Um das herausfinden zu können, hat die Forscherin zahlreiche Entrepreneure dazu befragt, wie sie innovative Ideen in erfolgreiche Konzepte umgesetzt hatten. Die Probanden wurden nach strengen Kriterien ausgewählt, so daß schließlich nur solche Unternehmer befragt wurden, die sich mehrfach und immer erfolgreich in unsicheren Situationen bewährt hatten. Was sie getan hatten, mußte absolut neu und ungewöhnlich sein. Im Ergebnis war verblüffend, daß die Befragten angaben, nicht zielorientiert gehandelt zu haben. Sie hatten statt dessen mit ihrer ganzen Aufmerksamkeit die Ausgangsbedingungen gründlich erfaßt und sich hernach vom Gang der Ereignisse leiten lassen. Sogar alles Unerwartete, zuweilen auch Widerstrebende, wurde per se nicht ausgeschlossen oder bekämpft, sondern in die Arbeit an der weiteren Entwicklung integriert.

Das durch Saras D. Sarasvathy herauskristallisierte Handlungsmodell steht im Gegensatz zum gewöhnlichen Verhalten, in dem alles vorhergesagt und gesteuert werden soll. Darum ist dieses Handlungsmodell von allgemeinem Interesse, denn genau darum – um das sachgerechte Verhalten in absoluter Unsicherheit – geht es für uns Menschen des 21. Jahrhunderts, wenn wir uns auf den Weg zur Zukunft begeben. Die Welt verändert sich fortwährend. Vom menschlichen Handeln gehen darin gravierende Einflüsse aus. Was die Zukunft uns bringt, bleibt dennoch in weiten Bereichen ungewiß. Bleibt zu fragen: Gelingt es uns, mitweltliche Verbundenheit als Merkmal einer neuen Stufe kultureller Entwicklung zu etablieren? Und: Werden wir uns aus dieser Verbundenheit heraus von den transformativen Prozessen so berühren lassen, daß wir unsere besonderen Möglichkeiten doch noch zugunsten des Lebens entfalten?

Würdigung

Im Herbst ist der Anblick eines Baums voller Äpfel nichts Ungewöhnliches. Darüber, daß uns Nahrung und Wasser zur Verfügung stehen, sind wir für gewöhnlich ebensowenig erstaunt wie über den Sonnenaufgang am Morgen. Das alles entspricht unserer Gewohnheit. Wir erwarten es nicht anders. Dennoch ist es sinnvoll, uns die gewohnten Lebensverhältnisse von Zeit zu Zeit aus einer ganz anderen Richtung anzuschauen. Was jemand gewohnt ist, bemerkt er nicht so einfach. Das beste Beispiel dafür ist Ihr gesund schlagendes Herz. Das bemerken Sie u.U. erst dann, wenn es eben nicht mehr regelmäßig schlägt, sondern unrhythmisch oder einfach zu schnell. Menschen, die das erleben, geht blitzartig durch den Kopf, was sie hätten tun können, um das nun eingetretene Herzleiden zu vermeiden. Erschrocken bemerken sie, daß sie ihrem Herzen zuwenig Aufmerksamkeit gewidmet haben. Ein Grund dafür ist oft in einer zu hektischen Lebensart zu finden. Mit der Aufmerksamkeit für den eigenen Leib und die Regungen der Seele verhält es sich nicht anders als mit der Wahrnehmung der Welt aus einem fahrenden Zug: Mit zunehmender Geschwindigkeit wird das immer schwieriger!

Die Verhältnisse in der von Menschen gestalteten und betriebenen Welt unterscheiden sich hinsichtlich der in ihr wirkenden Tempi mittlerweile gravierend von der natürlichen Welt. Das Leben wird zu Drehzahlen gezwungen, die mit den biologischen Rhythmen nicht mehr vereinbar sind. Alles geschieht zu schnell, Reize überfluten uns. Das ruft Reaktionen hervor. Zu den pathologischen Folgeerscheinungen gehören neben einem erkrankten Herzen und anderen Organen des Leibes auch solche der Persönlichkeit, die im *Diagnostic and Statistical Manual of Mental Disorders (DSM)*, einem Klassifikationssystem in der Psychiatrie, beschrieben werden als *„umfassendes, überdauerndes, unflexibles Erlebens- und Verhaltensmuster, das deutlich von den Erwartungen der Kultur des Betroffenen abweicht und zu Leidensdruck oder Behinderung führt"*.

Den offensichtlichen Überforderungen in unserer Alltagswelt wird aber auch Hilfreiches entgegengestellt. Übungen zur Entwicklung von Achtsamkeit und zur Entschleunigung sind en vogue. Erfolgreiche Manager verlegen sich auf das Downsizing ihrer Ansprüche ans Leben. Und manch einen zieht es aus der säkularisierten Welt für eine Auszeit ins Kloster. Man kann die Obliegenheiten des Lebens tatsächlich gelassener angehen, wenn man nur ein paar Parameter verändert, wenn man bemerkt, daß die leckeren Äpfel oder die leibliche Gesundheit gar nichts Selbstverständliches sind – und daß die Tretmühlen des Alltags von einem großen Bluff getrieben werden.

Wachstum

Für jede Art des Wachstums gilt zweierlei, nämlich daß es geeigneter Bedingungen bedarf und daß es infolgedessen begrenzt ist. Im Großen ist das nicht erst seit dem Bericht des Club of Rome über *Die Grenzen des Wachstums* aus dem Jahr 1972 klar, denn daß uns allen nur diese eine Erde zur Verfügung steht, hat man schon viel früher gewußt. Nur Toren und blindwütige Egoisten ignorieren das. Viele Beispiele des täglichen Lebens belehren schließlich darüber, wie Wachstum tatsächlich funktioniert: Das Gemüse wächst je nach Fruchtbarkeit des Bodens besser oder schlechter, Lernerfolge sind von Umgebung, Materialien und Lehrenden abhängig, und jedes Lebewesen existiert überhaupt nur darum, weil es durch andere versorgt wird. Ein jedes Wachstum findet seinen Sinn schließlich darin, daß es zu anderem Wachstum beiträgt – und darin schließlich aufgeht und wieder vergeht. Verstehen wir das als einen urtümlichen Wirtschaftsprozeß, erkennen wir zugleich, daß jedes Ergebnis von der Qualität und Quantität der Bedingungen für seine Entwicklung abhängig ist.

Daß es für jedes Wachstum Grenzen gibt, ist eine Erkenntnis, die von größter Bedeutung ist. Es ist der entscheidende Makel der vorherrschenden Art des Wirtschaftens, daß diese elementare Erkenntnis übergangen und sogar gezielt verhindert wird. Die lebensfremde Forderung unbegrenzten Wachstums ist Folge eines Systemfehlers, der, einem tödlichen Virus gleich, das gesamte Leben auf Erden im höchsten Maße bedroht. In einer begrenzten Welt kann es kein unbegrenztes Wachstum geben. Das versteht jeder vernünftige Mensch sofort.

Eine sinnvolle Wachstumsethik gründet weiterhin darauf, daß wir erkennen, wie Versorgtsein und Versorgen zusammengehören. Idealiter nehmen wir das ganz persönlich. Wir sind nur zu dem Menschen geworden, der wir heute sind, weil es uns von anderen ermöglicht wurde – und wird. Ebenso nehmen wir Einfluß auf unsere Mitwelt und ermöglichen so anderen Lebewesen ihre Existenz. Dabei charakterisiert es uns Menschen, daß wir über das Maß des Gebens und Nehmens selbst entscheiden können. Während sich die Lebens- und Versorgungsvorgänge in der natürlichen, nichtmenschlichen Welt einer ökologischen Ordnung folgend ereignen, sind wir Menschen untereinander – heute mehr denn je – auf Einsicht und Wille angewiesen, denen folgend wir versorgen und uns selbst versorgt sein lassen. Diesbezüglich wissen wir, daß Wachstumsgrenzen auch dort gegeben sind, wo die Entwicklung des einen Wesens die eines anderen einschränkt, gefährdet oder verhindert. Was wir für uns beanspruchen, der Raum, in dem wir uns entfalten, darf, wenn es gerecht zugehen soll, nur so dimensioniert werden, daß die Entwicklung anderer Wesen dadurch nicht gefährdet wird.

Das bis jetzt zum Wachstum Gesagte gilt für alle Lebewesen auf Erden – ja, sogar für die Erde selbst – in gleichem Maße. Das folgt den Prinzipien des Naturrechts, das alle je von Menschen geschriebenen Rechtsordnungen überragt. Es ist für das ganze Leben von konstitutiver, unabänderlicher Bedeutung, weil die Quelle des Naturrechts auf adäquate Entwicklung und auf Wachstum die Natur selbst ist!

Obwohl die elementaren Regeln des auskömmlich-achtsamen Zusammenlebens so leicht zu verstehen sind, haben wir Menschen es mit dem gerechten, mitweltlichen Wirtschaften bekanntermaßen sehr schwer. Viele meinen sogar, daß es der Natur des Menschen entspricht, raffgierig und rücksichtslos zu sein. Ich bin vom Gegenteil überzeugt, nämlich davon, daß die eigentliche Natur des Menschen so gut und gerecht ist wie die der anderen Lebewesen auch. Wir machen nur von unserer Freiheit, danach zu leben, so schlecht Gebrauch, daß wir uns selbst zum Schaden unserer Mitwelt oft und leichtsinnig unseres natürlichen Menschseins berauben. Im Laufe der Zeit haben wir unter dieser tragischen Voraussetzung eine Kultur der Maßlosigkeit geschaffen, die uns bereits aus sich selbst heraus, als „System mit eigener Kraft" dazu zwingt, unmenschlich und widernatürlich zu handeln. Auch das läßt sich leicht verstehen.

Unabhängig von der individuellen Lebenserwartung kann das Kapital einer jeden Biographie in Einheiten von Zeit bemessen werden. Sie hat nämlich ihre Dauer, die in mehr oder weniger Jahrzehnten, Jahren, Monaten, Wochen, Tagen oder Stunden bemessen werden kann. In einem Moment beginnt diese individuelle Lebenszeit, entfaltet sich und altert zugleich, bis sie schließlich endgültig vorbei ist. Zu jeder Biographie gehört es, daß zur Verfügung stehendes Zeitkapital mehr oder weniger bewußt in Zeitvermögen verwandelt wird. Wir „investieren" die uns zur Verfügung stehende Lebenszeit in Erwerbsarbeit und Freizeit, Schlaf und Wachsein, wir gehen spazieren, musizieren, reden, schweigen, tanzen. Zu allen Lebensbereichen und -erfahrungen gehört ein Maß an Zeit, über dessen Verwendung vorher entschieden wurde. Im Laufe einer Biographie erscheint, was ein Lebewesen aus der zur Verfügung stehenden Zeit gemacht hat. Daß Zeit für jedes Lebewesen gleich ist, daß eine Stunde für sich genommen niemals mehr oder weniger als eine Stunde sein kann, gleichgültig um wessen Leben es geht, läßt das Maß der Zeit so unerbittlich, aber eben auch absolut gerecht sein.

Hinzu kommt, daß kein Lebewesen nur für sich und ohne andere existieren kann. Ein Einzelwesen ist ohne Gemeinschaft nicht überlebensfähig. Das ist so, weil Lebewesen Bedürfnisse nie nur aus eigenen Leistungen befriedigen können. Ohne Tausch kein Leben! Dieses Axiom natürlicher Ökonomie erfuhr in der Menschenwelt allerdings eine Variation, indem neben den direkten Tauschbeziehungen zwischen Lebewesen weitere indirekte ermöglicht wurden. Hier kommt nun als weitere Maßeinheit das Geld ins Spiel. Unter Menschen muß nämlich nicht mehr die eine Leistung (z.b. Erzeugung von Nahrung) direkt gegen eine andere (z.b. medizinische Behandlung) getauscht werden, weil als Äquivalent zum direkten Tausch Geld gezahlt werden kann. Geld als Maßeinheit garantiert idealiter den Bezug einer Gegenleistung an anderem Ort. Grundsätzlich gerecht würde die Verwendung von Geld funktionieren, wenn an irgendeiner anderen Stelle gegen Bezahlung nicht mehr und nicht weniger Leistung beansprucht werden könnte, wie vordem von jemandem für andere erbracht worden ist.

Unter den prinzipiell wichtigen Maßeinheiten für das Verständnis der Art und der Bedingungen unseres leiblichen Lebens sind heutzutage also Zeit und Geld hervorragend; über sie erfahren wir uns als mit den Tatsachen des alltäglichen Lebens essentiell bzw. existentiell verbunden. Zeit und Geld sind von Natur aus miteinander verwandt, wurden aber kulturell bezüglich Verständnis und Handhabung bis dato so sehr voneinander entfremdet, daß angesichts der gegenwärtig schwierigen Lage von Welt und Leben eine grundsätzliche Rückbesinnung dringend geboten ist. Dabei geht es, wie wir sehen werden, zugleich auch um einen anderen Umgang mit uns selbst.

Sein und Werden

Das besonders Merkwürdige an unserer Lebensart ist, daß wir uns so sehr durch den (scheinbaren) Mangel an Zeit und den unersättlichen Bedarf an Geld antreiben lassen. Obwohl die Arbeit in den hochtechnisierten und -industrialisierten Ländern viel leichter geworden ist, haben wir kaum noch Zeit für die Pflege der angenehmen Seiten des Lebens. Und obwohl die Güter und Leistungen des täglichen Bedarfs so einfach und für vergleichsweise niedrige Preise zu haben sind, reichen die Einkünfte aus gewöhnlicher Erwerbsarbeit nicht zur Deckung des Bedarfs. Mit diesem Dilemma hatten wir uns im zweiten Buchteil ausführlich beschäftigt. Hier soll nur noch einmal beachtet sein, daß und wie sehr wir dem Diktat von zuwenig Zeit und Geld unterworfen sind, wie das wirkt und worauf es statt dessen ankommt. Inmitten einer Welt der Fülle bestimmt unser Leben das quälende Erlebnis eines Mangels, den es realiter – jedenfalls für uns – nicht gibt. Das trennt uns sehr wirksam vom Leben. Man möchte sagen: Wir existieren zwar, ohne aber wirklich zu leben. Die Separation ist eine Signatur unserer Zeit!

Es schafft immer ein besonders traurig stimmendes Erlebnis, wenn Möglichkeiten als solche nicht genutzt werden – wenn fruchtbares Land z.B. unbestellt bleibt (das sieht man im Umkreis unserer Wohnung in Herdecke fast überall, wenn man von der exzessiven Nutzung einiger guter Äcker für die Heuproduktion für die Pferde der Neureichen einmal absieht) oder Kinder, im Schulsystem funktionalisiert, ihre besonderen Begabungen nicht entfalten können. Es gibt viele Beispiele für dieses Phänomen. Vermutlich können auch Sie, im großen oder kleinen Maßstab, manches von dem benennen, was Sie eigentlich gerne entwickeln oder tun würden, wenn nicht so viel anderes, vermeintlich Wichtigeres von Ihnen verlangt würde. In dieser Lage ist man kaum noch dazu imstande, sich von der natürlichen Welt und dem wirklichen Leben selbst leiten zu lassen. Faktisch kleben wir an Konventionen fest, ungeschriebenen, scheinbar selbstverständlichen, ergo stets dominanten, die uns daran hindern, aus Lebenserfahrungen zu handeln, die genau darum besondere sind, weil es tatsächlich unsere ganz eigenen sind und weil sich in ihnen unsere Möglichkeiten mit den Bedingungen der Welt zu gutem Leben verbinden.

Impulse für das Handeln können von außen oder von innen kommen. Im einen Fall degeneriert menschliches Handeln zur Funktion (das System bestimmt über den Menschen), im anderen Fall findet es sich inspiriert von Erfahrungen der Inkarnation (der Mensch bestimmt über das System). Bei letzterer Möglichkeit geht es um einen Prozeß, der heutzutage nur noch selten bzw. erst wieder anfänglich bewußt erlebt wird, der aber die Chance bietet, den Gang der Entwicklung doch noch zum Guten zu wenden. Zuerst geht es darin um die mitweltliche Verbundenheit und dann um die Transformation (siehe die vorangegangenen Kapitel). Nachdem wir uns schon mit der Verbundenheit und der Transformation beschäftigt haben, die mit den Gefühlen für Vertrauen und Wandlungsbereitschaft verknüpft sind, kommt nun das Gefühl für einen konkreten Bedarf und adäquate Methoden hinzu. Und für dieses Gefühl kommt es darauf an, von wo aus es in uns angeregt wird. Oder, als Frage formuliert: Wie finden wir den Weg von potentiellen Möglichkeiten zu tauglichen Ideen und Bedingungen für unsere Taten?

Stellen Sie sich bitte die folgenden beiden Episoden vor: 1. Ein Landwirt fährt mit seinem Traktor über einen Acker. 2. Eine alte Frau liest einem Kind aus einem Buch vor. Der Grund für die jeweilige Tätigkeit könnte sein, daß ein Düngemittelberater den Landwirt dazu aufgefordert hat, genau jetzt Kalkammonsalpeter auszubringen, und daß die Großmutter in einem Magazin gelesen hat, daß das Buch, aus dem sie gerade vorliest, für die Altersgruppe ihres Enkelkindes besonders empfohlen wird. Oder der Grund für die jeweilige Tätigkeit könnte sein, daß der Landwirt bei seinem allwöchentlichen Hofrundgang bemerkt hat, daß es Zeit für die Frühlingsdüngung mit dem Hornmistpräparat ist, und daß die Großmutter durch das Vorlesen der Geschichte eine Frage aufgreift, die ihr Enkelkind unausgesprochen in sich bewegt. Der qualitative Unterschied im Weg von der Möglichkeit zur Tat tritt anhand der beiden Beispiele klar zutage.

Mitweltlichkeit als Begabung und Methode

Um unser Leben mit seinen ständig wechselnden Herausforderungen sinnvoll und menschlich bewältigen zu können, sind wir darauf angewiesen, unablässig zu lernen. Daß wir dazu in der Lage sind, macht uns zu Wesen unserer Art, denn die Lernfähigkeit eines Menschen bleibt prinzipiell sein ganzes Leben lang erhalten. Allerdings nur prinzipiell; denn ob jemand in der Lage bleibt, immer wieder Neues zu verstehen und sich konsequent auf sich verändernde Bedingungen einzulassen, hängt davon ab, was und wie er im Laufe der Zeit gelernt hat und welcher Art seine Verbindung mit der Mitwelt ist.

Lernen ist ein Prozeß, der sich sukzessiv gestaltet, sofern das bereits Gewußte und Gekonnte die Voraussetzung dafür bildet, neu eintretende Erfahrungen überhaupt bemerken und deuten zu können. Es gibt tatsächlich das sogenannte lebendige und das tote Wissen, also Inhalte, die mit dem Menschen wachsen können, oder solche, die er schlicht bloß repetiert, wie die Vokabeln im Fremdsprachenunterricht. Die Fähigkeit, die eigene Lebenswelt hinlänglich beherrschen zu können, entwickelt sich für den Menschen in der Zeit seiner Kindheit und Jugend parallel zur Ausbildung seiner Wahrnehmungsfähigkeit und dem Erwerben eines darauf bezogenen Wissens. Die psychologischen Aspekte des Lernens sind im Laufe der Zeit vielfältig untersucht worden. Schließlich sind die sich daraus ergebenden Gesichtspunkte für eine sinnvolle Pädagogik von zunehmendem Interesse. Denn wir Menschen wissen scheinbar sehr viel, handeln aber wenig zukunftsgerecht. Diese Problematik ist aber nicht zu lösen, solange nur psychologische Aspekte des Lernens untersucht werden, sondern nur wenn – darüber hinaus – auch Gesichtspunkte für einen Bereich erarbeitet werden, der in der Anthroposophie Menschenkunde genannt wird. Erst dann wird die Bedeutung des lebenslangen Lernens für die Art und Weise, in der wir uns mit der Welt verbinden, wirklich verständlich.

Lernen darf nämlich nicht nur auf die ersten Jahre oder Jahrzehnte des Lebens beschränkt sein, weil es kein Wissen gibt, das für ein ganzes Menschenleben vollständig sein könnte. Die Welt verändert sich, wir verändern die Welt, und die Welt verändert uns. Diesem Lebensprozeß können wir adäquat begegnen, weil wir prinzipiell dazu geeignet sind, stets Neues dazuzulernen. Wir Menschen sind von unserer ganzen Konstitution her dazu beschaffen, auf neue Herausforderungen nicht mit alten Lösungsmustern reagieren zu müssen. Und zwar sind wir das, weil wir innehalten können. Wir sind, so eigenartig sich das auf den ersten Anblick ausnimmt, dazu fähig, bewußt nichts zu tun. Zur Ruhe kommen und loslassen ist neurologisch betrachtet das Ergebnis einer typisch menschlichen Hirnaktivität, mithin Ausdruck einer besonderen Leistung.

In seinem Buch *Das Gehirn ist nicht einsam* (Stuttgart 2013) geht Hans Jürgen Scheurle darauf ausführlich ein. Im Ergebnis meint er: *„Man kann neue Impulse nur aus ihren verborgenen Quellen schöpfen, wenn diese nicht durch Rastlosigkeit und Umtriebigkeit verschüttet sind. Die Bereitschaft zum Loslassen und das Gehen neuer Wege bedingen einander."* Würde man den Begriff „Bereitschaft" durch „Fähigkeit" ersetzen, würde das den Ausführungen in dem ausgezeichneten Buch keineswegs widersprechen, sondern vielmehr verdeutlichen, auf welche Weise wir unser Handeln den Zeitfragen und Zukunftsanforderungen gemäß ausrichten können.

In der hochbeschleunigten Konsumwelt gibt es kaum noch Gelegenheiten dafür, Dinge oder Leistungen zu würdigen. Es ist natürlich ein Unterschied, ob wir es mit einer simpel verschraubbaren Schrankwand aus Spanplatten zu tun haben oder mit einem Möbelstück aus massivem Holz, das obendrein noch liebevoll furniert ist. Ebenso verhält es sich mit den Lebensmitteln (industriell in Massen produziert vs. in solidarischer Landwirtschaft angebaut), der Kleidung, den Zeitungen und Filmen, den Leistungen im Gesundheitsbereich. Sie wissen vermutlich, was ich meine. Von all diesen Dingen, Inhalten und Leistungen gibt es viel, viel mehr als genug. Und weil sie obendrein meistens noch von so schlechter Qualität sind, nehmen wir uns ihrer auch nicht wirklich an. Damit bleibt uns nicht nur die Welt ihrer Herstellung verschlossen; denn es regt sich nichts in uns, was auf die Tatsache aufmerksam machen würde, daß für das Paar Schuhe für 20 Euro Natur und Menschen auf das Übelste gequält wurden. Das erreicht uns nicht, weil wir uns mit den Schuhen nicht wirklich, würdigend verbinden. Und weil wir das nicht nachempfinden, kommen wir auch nicht auf die Idee, daß es auch anders sein könnte. Wir lernen nichts dazu, es bleibt uns egal! Allerdings ist auch anderes möglich. Wir können damit beginnen, uns mit den Inhalten und Mitwesen unseres Lebens wirklich zu verbinden. Das fällt manchmal schwer, aber es gibt eben auch Situationen, die leicht zugänglich sind. Ich habe z.b. kürzlich ein paar Möhren geerntet, die wir selbst angebaut hatten. Als ich an der Küchenspüle stand, um sie abzuwaschen, bemerkte ich den intensiven Duft, den sie verströmten. Die sinnliche Freude darüber braucht nicht auf jene „zweite Welt" beschränkt zu bleiben, über die ich im vorangegangenen Kapitel geschrieben habe. Wenn wir sie statt dessen wenigstens hin und wieder in unseren sonst so schnöden Alltag lassen, die beiden Welten also bewußt und gewollt miteinander verbinden, werden wir mit allen und jedem anders, mitweltlich und zukunftsgerecht umgehen. Das können wir Menschen üben und daran lernen – wenn wir es wirklich, wirklich wollen.

Altruismus

Es gibt sichtbar immer mehr übergewichtige Menschen. Unter ihnen sind sehr, sehr viele, deren Übergewichtigkeit ursächlich nicht auf medizinische Probleme, also irgendwelche Dysfunktionen von Organen zurückzuführen ist. Ihr Body-Maß-Index ist nur darum so katastrophal aus dem Ruder gelaufen, weil sie zuviel schlecht bekömmlicher Lebensmittel zu sich genommen haben. Sie sind überfressen! Solche Übergewichtigkeit gibt es auch im übertragenen, nicht sofort sichtbaren Sinne. Ich meine damit solche Menschen, deren Besitz in keinem auskömmlichen Verhältnis zu ihrem tatsächlichen Bedarf steht. Sie shoppen, prassen und schwelgen, als gäbe es für sie kein Morgen mehr. Beide Personengruppen haben den Kontakt zu ihrer Mitwelt verloren, ihr Sinn für das Genug ist korrumpiert. Und: Gefährdet sind wir alle. Auch Sie und ich!
Die beiden Personentypen haben unter ökologischen Gesichtspunkten gemeinsam, daß sie gravierende Fehler begangen haben und fortgesetzt begehen. Das hat zur überproportionalen Kumulation des Zu-sich-Genommenen geführt. Es ist von den Krankenkassen ausführlich untersucht worden, wie sehr die Allgemeinheit durch die Kosten der Fehlernährung belastet wird. Und Statistiken zeigen, daß sich Adipositas weltweit in Hochgeschwindigkeit ausbreitet. Die Folgen des eskalierten Reichtums an Besitztümern blieben dagegen bislang noch wenig untersucht. Erst allmählich dämmert es, daß auch damit erhebliche Gefahren und Kosten für die Allgemeinheit verbunden sind. Im Mainstream angekommen ist dieses Wissen noch lange nicht. Dabei

täten wir gut daran, beide krankhaft überfressenen Personengruppen mit größter Sorge zu begleiten, denn unser aller Leben wird durch sie gefährdet.

Es gibt aber in diesem Zusammenhang noch ein anderes Phänomen, das bis heute nicht wirklich erklärt werden konnte, obwohl sich nicht wenige Wissenschaftler damit ausgiebig beschäftigen. Es gibt nämlich tatsächlich auch solche Menschen, die sich altruistisch verhalten, die füttern, statt zu fressen. Vor allem die Evolutionsbiologen stehen vor einem Rätsel, wenn sie versuchen, dieses Verhalten zu verstehen. Im Anschluß an die Theorien, die seit Charles Darwin aufgestellt wurden, widerspricht der Altruismus der herrschenden Meinung, daß ein Lebewesen sich einem anderen nur dann hilfreich zuwendet, wenn das dem Zuwendenden im Ergebnis einen Vorteil verschafft. Und weil es sich die Wissenschaftler von heute nicht vorstellen wollen, daß es einfach so eine Zuwendung vom einen zum anderen Menschen geben kann, sucht man lediglich nach solchen Erklärungen, denen zufolge auf Umwegen vom Zuwendenden dann doch ein Vorteil erwartet bzw. realisiert wird. Motto: weil nicht sein kann, was nicht sein darf!

Schwierig ist schon, daß altruistisches Verhalten so sehr mit dem Menschen zu tun hat, daß sich nur sehr wenige Beispiele im Tierreich dafür finden lassen. Zwar weiß man von Affen, die sich gegenseitig das Fell pflegen, oder von Eichhörnchen, die ihr eigenes Leben aufs Spiel setzen, um Artgenossen vor Gefahren zu warnen, aber das bringt der Erklärung vom Sinn altruistischen Verhaltens nicht wirklich näher.

Statt nach Möglichkeiten zu suchen, ein offenkundig sehr interessantes Verhalten im Rahmen der bislang bekannten Erklärungsmuster deuten zu können, könnte man schlicht erst einmal bemerken, daß es ein solches Verhalten überhaupt gibt: Menschen können sich mit anderen Lebewesen (und Sachverhalten) selbstlos und uneigennützig verbinden, um schließlich alles in ihrer Macht Stehende für sie zu tun. Sie *können* den Bedarf eines anderen Lebewesens so erfassen, als wäre es ihr eigener. Sie *können* sich mit ganzer Hingabe mit einem Problem oder einer Aufgabe verbinden. Sie *können* gelegentlich von sich selbst vollkommen absehen. Sie können *ihre Mitwelt* sprechen lassen!

Zum Phänomen gehört weiter, daß die daraus resultierenden Handlungen nicht auf das Erzielen eines persönlichen Vorteils aus sind. Und daß sie so ausgerichtet sind, daß sie sich ausschließlich am Wohl und Wehe des Bedürftigen (das kann ein anderes Lebewesen, die Natur oder gar die ganze Welt sein) orientieren. Daraus empfängt der altruistisch handelnde Mensch seine Handlungsimpulse, sein auf ihn selbst bezogenes Denken tritt darin zurück.

Leben und das gute Leben

Unter den Staaten Südamerikas ist Ecuador durchaus ein besonderer. Das Land ist von großartiger natürlicher Schönheit. Auf seinem Territorium finden sich z.b. die letzten pazifischen Regenwälder Südamerikas. Auch die Galapagosinseln sind ein Begriff, weil Charles Darwin auf seinen Reisen genau dort wesentliche Eindrücke für seine Theorie der natürlichen Selektion sammelte, sowie der allgegenwärtige Artenreichtum in Fauna und Flora, der, im Verhältnis zur Größe des Landes, als der weltweit größte gilt.

Und es gab den 28. September 2008. Mit 63 Prozent Zustimmung hatte die Bevölkerung Ecuadors eine neue Verfassung angenommen. Und die hat es in sich. Man könnte in Abwandlung der Worte, die Neil Armstrong am 21. Juli 1969 sprach, als er als der erste Mensch den Mond betrat, sagen: Ein kleiner Schritt für den Andenstaat und ein großer Schritt für die ganze Menschengemeinschaft! Was war geschehen?

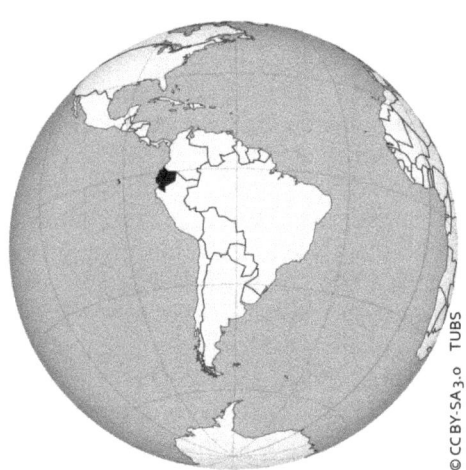

Lage von Ecuador in Südamerika

Nach Beratungen, die seit 2007 geführt worden waren, hatte die verfassungsgebende Versammlung der wahlberechtigten Bevölkerung einen Text vorgelegt, der in seiner Präambel die wichtigsten Werte der indigenen Kultur in Ecuador festschrieb: Die Verehrung der Pachamama (Mutter Erde) und des Sumak kawsay (gutes Leben). Überdies wurde – zum ersten und bisher einzigen Mal in der weltweiten Rechtsgeschichte – die Natur zum eigenen Rechtssubjekt erklärt. Was sich bereits auf den ersten Blick als geradezu revolutionär ausnimmt, gewinnt in Feinauflösung eine noch viel größere Bedeutung, denn es nimmt sich aus wie die Vorverkündigung eines ethischen Prinzips für eine Welt, deren Menschen sich ihrer Verantwortung endlich bewußt geworden sind.

Lebewesen Erde

Die Menschen in Ecuador haben ihrer neuen Verfassung aus gutem Grund eine so bemerkenswerte Präambel vorangestellt. Im Hintergrund der Geschichte hat sich trotz des Untergangs der indigenen Großreiche jene Kultur erhalten, aus der heraus die Erde als Lebewesen, als Subjekt gewürdigt wird. Diese Sichtweise ist auch in Europa erst seit der Zeit des 16./17. Jahrhunderts in den Hintergrund getreten (auch für Johannes Kepler war die Erde noch *„ein Leib, dem ein Lebewesen zugehört"*). Schließlich begannen die Menschen im Anschluß an die Renaissance damit, die Erde immer rücksichtsloser auszubeuten. Das ließ sich mit dem Erleben der Erde als Lebewesen nicht verbinden. Und als dann im 21. Jahrhundert die Folgen dieser Rücksichtslosigkeit für niemanden mehr zu übersehen waren, gaben die Ecuadorianer der alten Weisheit eine neue Stimme.

Zu den Forschern der Jetztzeit, die dieser Sichtweise von neuem folgen, gehört der Schweizer Geologe Hans-Ulrich Schmutz, der Gesichtspunkte zum Verständnis der Lebensprozesse des Erde entwickelt hat (u.a. in: *Die Tetraederstruktur der Erde*, Stuttgart 1986). Rudolf Steiner hatte bereits angedeutet, was der Naturwissenschaftler erläutert: Die Oberfläche der Erde findet sich durch Kompressions- und Ausdehnungszonen gegliedert, die im großen und ganzen mit andauernder, stets fortschreitender Kontinentaldrift in Jahrmillionen einer Geometrie folgen, die zwei ineinandergefügten Tetraedern gleicht. In dieser Form erscheint das geologische Antlitz der Erde.

Tatsächlich sind es erstaunliche, gut nachvollziehbare Prozesse, die dem zugrunde liegen: Die Drift der Kratone und Orogene, der riesigen Platten, die die Erdoberfläche bilden, schiebt in einer gewaltigen globalen Systole Landmassen an den Kanten des einen Tetraeders zusammen und formt so die Faltengebirge der Erde. Die über dem Meeresspiegel als Gebirgszüge verlaufenden Kanten des Kompressions-Tetraeders haben Tripelpunkte in Japan, im Kaukasus und in Honduras, während die Spitze dieses „Kristalls" in der Antarktis liegt. Die Kantenlinien des zweiten Tetraeders verlaufen meist unterseeisch über eine Gesamtlänge von 70.000 Kilometern. Den mittelozeanischen Rücken hat man als solchen erst Mitte des 20. Jahrhunderts entdeckt. Hier, in den Tiefen der Ozeane, ereignet sich ein dauernder Ausfluß von Basaltlava, mit dem zugleich eine langsame Öffnung des Förderspalts einhergeht. Die Tripelpunkte dieses zweiten Tetraeders finden sich im Südpazifik, im Zentralindik und im Südatlantik, während seine Spitze auf Sibirien zuläuft. In einer gewaltigen globalen Diastole werden die unterseeischen

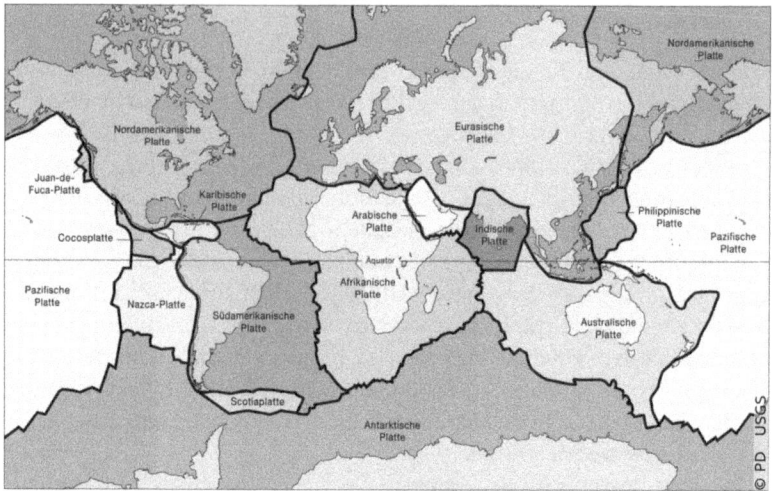

Die Lithosphärenplatten der Erde

Landmassen bewegt und gestaltet. Beide Tetraeder bilden zusammengefügt jenen geometrischen Körper, der Keplerstern genannt wird und der als eines der geologischen Abbilder der Lebensprozesse der Erde verstanden werden kann. Die geologischen Prozesse erscheinen wie das schlagende Herz der Erde!

Aber auch die wäßrigen Erscheinungen in den Wetterereignissen, den Meeresströmungen, den Flüssen, Bächen, Quellen und Seen ereignen sich als Prozesse des Lebens, die – stimmig komponiert – in Rhythmus, Ordnung und Harmonie erscheinen. Dem folgen die Pflanzen, also alle Flechten, Moose, Gräser, Büsche und Bäume in den Vegetationszonen der Erde. Das Leben der Erde entfaltet sich immer weiter, und die darin erscheinende Vielfalt läßt staunen. Solches Empfinden der Lebenstatsachen erweitert den Blick. Johann Wolfgang von Goethe steht für die Wende zu einem Erfassen und Verstehen der Welt, die auf einer Verbundenheit mit ihren Lebensprozessen beruht statt auf kühler Distanz, aus der heraus das Werdende und Lebendige ausgeschlossen bleiben würden.

Für die Botanik ergeben sich unter der Voraussetzung einer dem Leben zugewandten Betrachtungsweise exemplarisch Gesichtspunkte, die die Tiefendimension des Lebens auf Erden mitweltlich erschließen. Nicht bloß als Abstraktion, sondern als reale Erfahrung wird das innere Wesen gestaltbildender Lebensprozesse erlebt.

*„Die Blütenpflanzen entwickeln sich alle, so wie Goethe das in seiner
,Metamorphose der Pflanzen' geschildert hat, in einer strengen Folge
der zeitlich nacheinander sich bildenden Organe. Über das, was dieser
Typus sei, gibt es eine Reihe recht unterschiedlicher Auffassungen. Goethe
selbst hat ihn als die in allen Pflanzen gestaltend wirkende Urpflanze
gesehen. Diese war für ihn eine unmittelbar erlebbare, die Pflanzenbil-
dung durchziehende geistige Tatsache, die man ,mit Augen' wahrnehmen
kann. (...) Für die meisten der sich auf Goethe berufenden Morphologen
ist die Urpflanze nach der Formulierung des Botanikers W. Troll das
,allgemeine Bauschema' der höheren Pflanzen. Dieses Bauschema wird
wie in der Logik als Oberbegriff beschrieben: als ein Gebilde, dem sich
,sämtliche Samenpflanzen (...) unterordnen'. Dieses Bauschema erscheint
als ein durch Verallgemeinerung und Abstraktion aus der konkreten
Anschauung gewonnenes Gedankengebilde. Eine derartige Interpreta-
tion verkennt Goethes Anschauung, für die die Urpflanze kein neben
der Wahrnehmung vorhandenes Gedankenschema, sondern eine in den
Pflanzen anwesende Wirklichkeit ist. (...) Seine (Goethes) Morphologie
bewegte sich nicht in dem Dualismus von äußerer Anschauung und
ideeller Deduktion. Durch die Fähigkeit geistig lebendigen Vorstellens
erfaßte er mit der äußeren Anschauung der Pflanzen in dieser zugleich
auch den Typus.* (Ernst-Michael Kranich, *Die Formensprache der Pflanzen*,
Stuttgart 1976)

Aus heutiger Sicht geht es um eine Art des Welterlebens, die in
früheren Kulturen noch selbstverständlich war und zu der wir unter
veränderten Vorzeichen wieder zurückfinden können. Die Entfernung
zu dieser Art des Welterlebens ist weit geworden, denn der Umgang
des Menschen mit der Erde war über Jahrhunderte respektlos und
mißachtend. Aber jetzt haben die ersten unter uns Menschen erkannt,
daß wir nur dann einer guten Zukunft entgegengehen, wenn wir das
gemeinsam mit der Welt und der Natur – nicht gegen sie – tun.

Das gute Leben

Wenn wir uns im Blick auf die gegenwärtige Lage der Welt und den
Bedarf der Zukunft den Prinzipien des Lebens folgend verhalten wollen, geht es nicht darum, etwas besser zu machen, sondern darum, es
ganz anders zu tun. Die zukünftige Welt kann keine bessere sein, wenn
wir gut leben wollen. Denn wenn sie bloß eine bessere wäre, würde sie
nur auf der Fortschreibung der bestehenden Zustände und Lebensweisen beruhen. Was wir heute falsch machen, wäre lediglich optimiert,
aber nicht *grundsätzlich anders*. Aber genau darauf kommt es an. Ein

solches Ziel erfassen zu können setzt voraus, daß Denk- und Handlungsgewohnheiten in Frage gestellt und komplett verändert werden. Im großen Stil wird das lange nicht gelingen, wenn es bloß politisch versucht würde. Das gute Leben bekommt nur dann seine Chance, wenn es bei einzelnen Menschen und im Kleinen beginnt. Angesichts dieser Herausforderung wäre zunächst danach zu fragen, ob wir überhaupt verstehen, was eigentlich mit dem „guten Leben" gemeint ist. Dafür bietet sich die Gelegenheit, weil das Ereignis von Ecuador kein isoliertes geblieben ist, sondern beginnt, global folgenreich zu werden. Eine neue Bewegung hat sich formiert, die nun ihre Stimme erhebt.

Der Aufstand der Zapatisten gegen die neuen Formen der Unterdrückung indigener Bevölkerungsteile im Jahr 1994 gab den Anstoß für jene Initiative, die schließlich im Jahr 2001 zum ersten *„Weltsozialforum (WSF)"* geführt hat. Es geht dabei darum, sich für ein neues Verständnis der Globalisierung stark zu machen, das jenseits der Logik des Neoliberalismus und der WTO darauf beruht, die Lebensbedingungen für alle bewahren zu wollen. Im WSF kommen die unterschiedlichsten Menschen und Gruppierungen zusammen. In der *Charta der Prinzipien* heißt es im ersten Artikel: *„Das Weltsozialforum ist ein offener Treffpunkt für reflektierendes Denken, demokratische Debatte von Ideen, Formulierung von Anträgen, freien Austausch von Erfahrungen und das Verbinden für wirkungsvolle Tätigkeit durch und von Gruppen und Bewegungen der Zivilgesellschaft, die sich dem Neoliberalismus und Herrschaft der Welt durch das Kapital und jeder möglichen Form des Imperialismus widersetzen und sich im Aufbauen einer planetarischen Gesellschaft engagieren, die auf fruchtbare Verhältnisse innerhalb der Menschheit und zwischen dieser und der Erde engagieren."* (weltsozialforum. org)

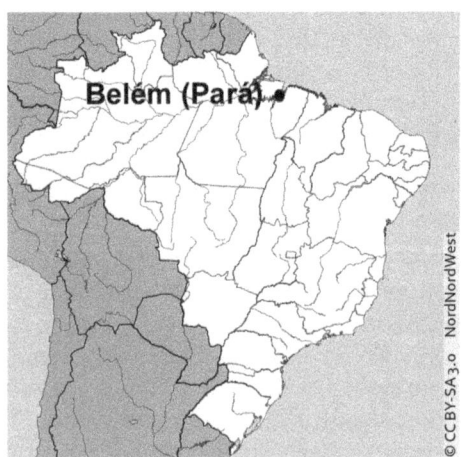

Lage von Belém (Pará) in Brasilien

Als im Jahr 2009 das WSF im brasilianischen Belém stattfand, wurde die Zusammenkunft durch die Folgen der Finanzkrise überschattet. In zahlreichen Veranstaltungen berieten sich die 130.000 Teilnehmenden über die Ursachen und

Sokrates (römische Kopie des Originals von Lysippos, Louvre)

Aristoteles (römische Kopie des Originals von Lysippos, Louvre)

Folgen der weltweiten Krisenereignisse. Die Ergebnisse wurden in Aufrufen zusammengefaßt, von denen einer den Titel *Aufruf der indigenen Völker an das Weltsozialforum von Belém angesichts der Krise der Zivilisation* bekam. In diesem Aufruf geht es zentral um die Verehrung der Mutter Erde und um das gute Leben. Die wenig vorher in Kraft gesetzte Präambel der ecuadorianischen Verfassung findet sich darin ins Zentrum von Überlegungen gerückt, die der verbreiteten Konsumideologie jene Werte entgegensetzen, die für die indigenen Völker des Andenraums von so großer Bedeutung sind. Aber schon damals war man sich nicht sicher, ob das eigentlich Gemeinte von Angehörigen nichtindigener Kulturen überhaupt verstanden wird.

Die Idee des guten Lebens findet sich aber bemerkenswerterweise auch in der frühen europäischen Kultur verankert. Eudaimonie wurde eine Lebensführung genannt, die sich nach philosophischen Grundsätzen richtet, die also im hohen Maße reflektiert ist. Sokrates hatte sich damit schon im 5. Jahrhundert v.Chr. beschäftigt, und Aristoteles hatte schließlich ein Eudaimoniekonzept vertreten, das lange folgenreich gewirkt hatte. Aus heutiger Sicht ist es schwierig zu verstehen, wie die damaligen Philosophen den Zusammenhang zwischen einer umfassend gerechten Lebensführung und der Erfahrung von Glück verstanden haben. Vermutlich waren ihre Ideen von denen nicht weit entfernt, die im mittelalterlichen Südamerika noch weithin wirksam waren.

Im christlich geprägten Kulturkreis kam es erst mit Beginn der Neuzeit zu einer Entwicklung, die z.B. durch die gegensätzlichen Auffassungen von Immanuel Kant und Johann Wolfgang von Goethe repräsentiert wurden. Kant setzte die Pflicht über jedes Streben nach Glückseligkeit, während Goethe im lebendigen Verhältnis zur Natur den zentralen Ausgangspunkt für jedes Weltverstehen sah. In den folgenden Jahrhunderten hat man dann allzu pflichtbewußt die Welt behandelt, als wäre sie nichts anderes als das tote Baumaterial einer durch Egoismus und Hybris bestimmten Menschenwelt. Aber das kann sich jetzt durchaus ändern.

Immanuel Kant (etwa 1870)

Johann Wolfgang von Goethe, Ölgemälde von Joseph Karl Stieler, 1828

Geburtlichkeit statt Sterblichkeit

Wenn wir davon ausgehen, daß die Menschen früherer Zeiten noch einen leichteren Zugang zur Vorstellung vom Mütterlichen der Erde hatten, und wenn es ihnen darum auch nicht grundsätzlich fremd erschien, diese Mutter Erde als tatsächlich lebendiges Wesen, also als Subjekt, zu erleben, läßt sich unschwer ahnen, daß das ganze Leben damals noch auf grundsätzlich anderen Vorzeichen beruhte.

Was ist seitdem geschehen? Was geriet in Vergessenheit, bis wir zur gegenwärtig vorherrschenden Denkart gelangt sind, die – im Ergebnis – immer wieder und immer ausgreifender zu einem lebensfremden und -feindlichen Verhalten und Umgehen mit den Weltwirklichkeiten führt?

Mit Beginn des 20. Jahrhunderts war offensichtlich für den Menschen die Zeit dafür gekommen, die Fragen nach den Grundlagen seines Daseins prinzipiell von neuem zu erörtern. Die mechanistischen Deutungen organismisch-leiblicher Funktionen in Biologie und Humanmedizin begründeten für die einen ein charakteristisches Menschen- und Weltbild, das von anderen vehement in Frage gestellt wurde. Daran hat sich bis heute nichts geändert. Die im 19. Jahrhundert aufkommende Psychologie – als eine ihrem eigenen Anspruch nach die Natur-, Sozial- und Geisteswissenschaften übergreifende Disziplin – lehrte den Menschen, die Frage nach sich selbst zu stellen. Konkret wurde dieser Ansatz mit Beginn des 20. Jahrhunderts in der Psychoanalyse und -therapie. Unter den Philosophen der damaligen Zeit war es Martin Heidegger, der angesichts der sich abzeichnenden geistesgeschichtlichen Entwicklungen demgegenüber eine von ihm so genannte Fundamentalontologie forderte. Das bis dahin aus dem Blick Geratene sollte wieder Beachtung finden, insofern, als die Frage aufgeworfen wurde, inwieweit das *„dem Seienden zugrunde liegende Sein"* als solches erkannt werden kann und wird. Darin liegt der Dreh- und Angelpunkt Heideggerscher Denkart, von der aus sich auch eine kritische Auseinandersetzung mit dem Verständnis von Technik ergibt. Der Mensch, so Heidegger, sehe die Welt nur noch unter den Gesichtspunkten der Nutzbarmachung für seine Zwecke. Wie wahr: Diese veränderte Weltsicht, also das beschränkte Erleben der eigentlichen Seinsgrundlagen, führt unübersehbar zu den gewaltigen Problemen, die menschliches Handeln für die Welt verursacht!

Martin Heidegger (1960)

In der Folge hat sich auch das Verhältnis, das der Mensch zu sich selbst und zu seinem Leben hat, prinzipiell verändert. Die angestoßenen Entwicklungen schlugen auf den Menschen selbst zurück, ohne daß er das so erwartet hätte. Aber wer immer nur nach dem technischen Nutzen und der diesbezüglichen Verwertbarkeit von irgend etwas sucht, der darf sich nicht wundern, wenn er schließlich selbst genauso gesehen und bewertet wird, wie er es vorher mit allen und allem gemacht hat.

Im Zuge dieser Entwicklung trat das Prinzip der Vergänglichkeit in den Vordergrund des Weltwahrnehmens. Es ist plötzlich vor allem wichtig, gegebene Chancen schnell zu ergreifen und „noch verbleibende Zeit" zu nutzen. Eine solche Lebensführung ist auf das Ende und auf allgegenwärtige Vergänglichkeit hin orientiert. Es ignoriert, daß jeder Moment als Anfang, als Geburt im Strom des dauernden Geborenwerdens verstanden werden kann. Tatsächlich sähe die Welt unter diesem Vorzeichen ganz anders aus, und auch das menschliche Verhalten könnte dem Leben unbedingt dienlicher sein.

Der Mensch ist direkt nach seiner Geburt, in seiner frühesten Kindheit, für ein Überleben in der offenkundigen Unwirtlichkeit der Außenwelt im Vergleich mit den meisten Tieren nicht gerade gut gerüstet. Die Entbindung ereignete sich so gesehen um einige Monate zu früh. Eine längere Embryonalentwicklung des Leibes käme theoretisch einer besseren Vorbereitung auf das Leben auf Erden gleich. Aber gerade darin liegt die Besonderheit begründet, daß der Mensch im Unterschied zu allen anderen Lebewesen auf Erden als autoplastisches und -didaktisches Wesen verstanden werden kann. Er kann aus eigenem Antrieb und Entschluß selber etwas aus sich machen. Er ist evolutionär zur freien Entwicklung und Tat veranlagt!

Hannah Arendt, eine Schülerin Martin Heideggers, sprach denn auch von der Geburtlichkeit („Natalität") des Menschen, die es, im Gegensatz zur gefürchteten Sterblichkeit, zu erkennen gelte. Die Handlungen der Menschen werden demzufolge konsequent als Beginn von Neuem, nicht als Resultat oder Konsequenz einer irgendwie zwingenden Vorgeschichte verstanden. Die besonderen Möglichkeiten des Menschen drücken sich gerade darin aus, daß er das kann. Er ist dazu in der Lage, sich gegen widersinnige Einflüsse behaupten zu können, was bereits den Bedingungen seiner pränatalen und frühen postnatalen Ent-

Hannah Arendt (undatiert)

wicklung entspricht. Die Erkenntnis der besonderen evolutionsbiologischen Aspekte der Geburt des Menschen trägt dazu bei, seine kulturgeschichtliche Determination verstehen zu können. Denn die besonderen Herausforderungen begründen zugleich eine besondere Chance, nämlich Welt und Leben, allen Widerständen zum Trotz, unter den Vorzeichen der Geburtlichkeit zu verstehen. Das gute Leben ist möglich, wenn der Mensch sich seiner selbst und seiner besonderen Möglichkeiten bewußt wird.

Zukunftsgerechtigkeit

Unsere Art des Lebens und des Umgehens mit der Welt ist abhängig vom Grad tatsächlich erlebter Verbundenheit. Niemand wird etwas schlecht behandeln, was er liebt! Um nun Verbundenheit mit Welt und Leben überhaupt erleben zu können, sind zweifellos Verhältnisse und Bedingungen zu durchdringen, die nicht mehr einfach zu ertragen sind. Aber bereits das vermittelt eine Erkenntnis, denn:

Wir bemerken, was für eine gute Zukunft getan werden müßte.

Dieses Erlebnis der Erfahrung mitweltlicher Verbundenheit ist, so betroffen sie uns zuweilen auch macht, eine Kommunion im modernen Sinne. Nicht etwa der unberührten Schönheit und Unversehrtheit unserer Lebenswelt begegnen wir Heutigen, wenn wir damit beginnen, uns mit der Welt bewußt verbunden zu fühlen, sondern solchen Lebenszusammenhängen, die der Zuwendung und Hilfe bedürfen. Aber gerade darin realisieren wir, wessen es bedarf. Und zwar so, daß die Zukunft der Welt im absoluten Sinne unsere eigene ist: Wir erleben, daß die Welt *unser* Leib und *unser* Leben ist, die der Genesung bedürfen.

In dieser Erfahrung ist enthalten, daß wir erkennen, daß das Notwendige unsere bisher bekannten und gewohnten Fähigkeiten überfordert. Im für uns im Augenblick noch Unbekannten werden wir Teil jener Prozesse, die zu neuen Ideen und Handlungsoptionen leiten.

Wir suchen ganz neue Ideen und Fähigkeiten.

Worauf es ankommt, ist demnach ein Vorgang der Transformation, der uns selbst nicht unberührt sein lässt. Zukunft kann nicht fortgeschriebene, irgendwie optimierte Gegenwart sein, wenn sie gerecht sein soll. Zukunft ist etwas ganz anderes, Neues. Transformation in diesem Sinne ist eine Wandlung, in der nichts so bleiben wird, wie es war und wie es gegenwärtig noch ist. Das gilt nicht nur für unsere Mitwelt, sondern auch für uns – ganz persönlich.

Solche Wandlungsprozesse überhaupt wollen und ertragen zu können wäre nicht möglich ohne das Vertrauen, das in uns lebt, weil wir die

Welt als eigenen Leib und eigenes Leben erfahren. Die unausweichliche Wende erfordert, daß wir dazu bereit sind, jenseits des bisher Gekannten und Gekonnten ganz neue Erkenntnisse zu gewinnen. Wir beschreiten dafür bislang unbekannte Wege.

Mit den bisherigen Kenntnissen, Fähigkeiten, Erfahrungen und Gedanken werden wir eine zukunftsgerechte Welt nicht entwerfen und schaffen können. Dazu bedarf es neuer Impulse und Intuitionen, die im Alten, Wohlvertrauten nicht zu finden sind. Innovatives Handeln wird aus einem Bereich des Wissens impulsiert, den wir uns dann am besten aneignen, wenn wir bisher Gedachtes und Gewußtes lediglich dafür einsetzen, um den Prozeß des Zustandekommens neuer Ideen zu katalysieren.

Menschen handeln erfahrungsgemäß immer dann und dort genial, wo sie sich von den Aufgaben und Verhältnissen leiten lassen, statt Pläne aus dem eigenen Gutdünken zu schmieden. Das bedeutet, daß es vor allem darauf ankommt, jeder Herausforderung möglichst bewußt zu sein, und zwar gerade dann, wenn Lösungsideen keineswegs naheliegend und greifbar sind.

Wir verstehen die Aufgabe und wagen die Lösung.

Zukunftsgerechtigkeit bedeutet, daß unsere Handlungen zu Folgen führen, die nichts Zukünftiges beschränken. Davon, daß solche Handlungen den Fortgang der Entwicklung der Menschenwelt überwiegend bestimmen, sind wir noch sehr weit entfernt. Aber trotz der noch weiten Entfernung vom tatsächlich Möglichen beginnen wir zu ahnen, worauf es ankommt und welcher Methoden wir uns bedienen können, um dieses Ziel zu erreichen.

Teil 4:

Interviews

Das Design für eine andere Lebensart

Interview mit Ronny Müller

Ronny Müller beschäftigt sich, ausgelöst durch die Studie Zukunftsfähiges Deutschland, *seit 20 Jahren mit Fragestellungen zur Nachhaltigkeit, insbesondere in der eigenen Lebensführung. Als Umwelt-Ingenieur, Heilerziehungspfleger, Erlebnispädagoge und Permakultur-Designer versucht er, verschiedene Wirkungsfelder zu verknüpfen, um mit seinen Tätigkeiten zur Gestaltung einer zukunftsfähigen Welt beizutragen. Unter anderem ist er in diesem Kontext Projektleiter bei* Permakultur Dreisamtal *(permakultur-dreisamtal.de) und Tutor der Permakultur-Akademie (permakultur-akademie.de). Im Zusammenwirken mit diesen und einigen anderen Organisationen bietet er Kurse und andere Bildungsmöglichkeiten an wie auch Beratungen und Gelegenheiten zum Mitmachen, im Sinne eines Lernens mit „Herz, Hirn und Hand". Ronny Müller lebt und arbeitet in der Nähe von Freiburg im Breisgau.*

Vieles in unserem Leben betreiben wir spezialisiert, auf singuläre, isolierte Ergebnisse ausgerichtet. Auch unsere Lebensart ist – ursächlich oder als Folge – zu sehr vom Weltganzen separiert: Der große Zusammenhang gerät schnell aus dem Blick. Wenn es dann irgendwo schiefgeht, bekämpfen wir die Symptome, statt ganzheitlich orientiert nach den Ursachen zu suchen. Die ökologischen und sozialen Probleme behandeln wir also nicht anders als unsere körperlichen Erkrankungen. Aber der sich vielerorts abzeichnende Wandel wäre des (verdienten) Lobes nicht wert, wenn sich durch ihn nicht auch tiefgreifend die Richtung verändern würde, aus der heraus wir die Welt, das Leben und die

Probleme darin betrachten. Daß sich seit fast 40 Jahren das Konzept der Permakultur weltweit verbreitet, hängt mit diesem gewandelten Bewußtsein zusammen.

Ronny Müller ist ein umtriebiger, kluger Aktivist, der mit Freude damit beschäftigt ist, die Welt zu verändern. Dazu ermuntert er auch andere, lehrt Permakultur, berät Initiativen und hilft bei der Umsetzung von Projekten. Wir haben uns schon vor ein paar Jahren im fairventure-Netzwerk (fairventure.de) kennengelernt, mit dem Ronny von Beginn im Jahr 2011 an verbunden ist. Ich schätze es besonders an ihm, daß er die Risiken und Probleme, die es bezüglich der Art des Lebens und Wirtschaftens derzeit gibt, kennt, aber dann nicht verbittert darin steckenbleibt, sondern schaffensfreudig nach Wegen der Wandlung sucht. Dabei bleibt es nicht bei Diskussionen kluger Ideen. Vielmehr wird mit und durch ihn alles schnell ganz konkret und praktisch. Nachfolgend lesen Sie die Aufzeichnung von einem Gespräch, in dem es um die Permakultur als Designkonzept, um kulturkreatives Engagement und schließlich um die spirituelle Erfahrung der Verbundenheit geht.

Permakultur

Peter Krause: Was ist eigentlich „Permakultur"?

Ronny Müller: Bei der Permakultur handelt es sich um ein umfassendes Konzept für die Gestaltung von dauerhaften lebensförderlichen Systemen, basierend auf drei ethischen Leitprinzipien: Sorge für die Erde, sorge für die Menschen und teile gerecht. Darin schwingt ein gewisser Aufforderungscharakter mit.

P.K.: Wann und wie ist diese Idee in die Welt gekommen?

R. Müller: Das geschah in den 1970er Jahren zuerst durch den Australier Bill Mollison, der dafür mit David Holmgren zusammengearbeitet hat. 1978 brachten sie das Buch *Permaculture One* heraus. Der Begriff Permakultur beruht auf einer als dauerhaft, also permanent verstandenen Agrarkultur als Gegenentwurf zur industrialisierten Landwirt-

Bill Mollison (2008)

schaft. Die beiden haben damals die Vergrößerung der durch die landwirtschaftlichen Kontexte hervorgerufenen Schäden beobachtet, wie die Zunahme von Monokulturen, den steigenden Einsatz von Pestiziden, Kunstdüngern usw. Die regelrechte Zerstörung der Erde, und damit die der Lebensgrundlagen, nahm damals immer mehr zu.

In dieser Situation haben Bill Mollison und David Holmgren viel gesucht und geforscht bezüglich anderer Ansätze im Umgang mit der Erde. Unter anderem beschäftigten sie sich mit der Kultur der Aborigines, der australischen Ureinwohner, die über Jahrtausende hinweg sehr zukunftsfähige Lebensweisen gepflegt haben.

Aus dem Zusammenführen ihrer Beobachtungen und vieler wissenschaftlicher Erkenntnisse schufen die beiden die Idee und die Prinzipien der Permakultur. Sie stellten sich damit der Frage, wie das Leben und Wirtschaften aussehen müßte, damit es über eine theoretisch unbegrenzte Zeitspanne fortgeführt werden könnte. Im Ergebnis finden sich nun bestimmte Prinzipien und Gestaltungswerkzeuge wie auch sehr praktische Hinweise, in einem Konzept vereint, das einen wirklich zukunftsfähigen Lebensstil ermöglichen soll.

P.K.: Du hast jetzt zwei sehr wichtige Dinge gesagt. Zum einen hast du auf die Erforschung der Kultur der Natives in Australien hingewiesen, zum anderen den Begriff Lebensstil verwendet. Damit ist der Horizont insofern erweitert, als wir sehen, daß die Permakultur – wie es Declan Kennedy immer wieder sagt – nicht allein eine landwirtschaftliche Methode ist, sondern ein Design-Konzept, das das ganze Leben durchdringt.

R. Müller: Das Konzept der Permakultur hat seinen Ursprung in der Landwirtschaft, reicht aber von Beginn an weit darüber hinaus. Denn die Prinzipien, die für die Bewirtschaftung der Erde gelten, sind auch auf andere Lebensbereiche übertragbar. Das ist seither von vielen weiteren Menschen ausgearbeitet und in die Praxis überführt worden.

Dauerhaft lebensförderliche Systeme

Permakultur kann in allen sozialen oder wirtschaftlichen Zusammenhängen angewendet werden, sofern es darum geht, dauerhaft lebensförderliche Systeme zu schaffen. Es geht um Systeme, die erstens auf Dauer ausgelegt sind und die, zweitens, Leben fördern. Immer mehr Menschen auf der ganzen Welt beschäftigen sich mit diesem Ansatz und bereichern das Ideenspektrum. Dabei läuft manches auch mit anderen Ideen zusammen, z.B. mit der „Solidarischen Landwirtschaft", in der durch ein Beteiligungsmodell Konsumenten eine landwirtschaftliche

Betriebsgemeinschaft vorab finanzieren, um sie aus dem sonst herrschenden Produktionsrisiko zu nehmen. Die Ernte wird dann solidarisch geteilt – die Landwirte müssen für die eingebrachten Gelder keine festgelegte Menge an erzeugten Lebensmitteln mit definierter Qualität liefern, sondern es wird eben fair geteilt, was an Ernte zustande kommt: Fällt die Ernte reichhaltig aus, bekommen alle Beteiligten mehr; fällt sie mager aus, bekommen wiederum alle entsprechend weniger. Dieses Konzept des solidarischen Wirtschaftens wurde bereits auch auf Bäckereien und andere handwerkliche Betriebe übertragen, die wie die Landwirtschaft ansonsten ebenfalls unter einem großen Produktionsdruck stehen. Durch alternative Finanzierungsmodelle und vor allem durch bewußtseinsbildende Beteiligungsmöglichkeiten von Konsumenten an Produktionsprozessen wird größere Gerechtigkeit ermöglicht und auch Raum geschaffen für einen fürsorglicheren Umgang mit der Erde. Das entspricht ganz den bereits genannten Leitprinzipien der Permakultur.

P.K.: Zwischen der Landwirtschaft und der Weltwirtschaft spannt sich ein Bogen, der von der sogenannten Urproduktion bis zur hochtechnisierten Industrie reicht. Zwischen diesen beiden Polen gibt es einen großen Bereich verschiedenster Produktions- und Verteilungsformen. Wie weit ist die Permakultur in diesem breiten Spektrum bereits angekommen? Gibt es Beispiele für ein alternatives, mindestens aber komplementäres Industriedesign?

R. Müller: Ja, und ich möchte noch einmal an das Beispiel der solidarischen Landwirtschaft anknüpfen, denn das läßt sich gut auf eine prinzipiell solidarische Wirtschaft übertragen. Es geht um die soziale Fürsorge als treibende Kraft, die ökonomisch wirksam wird. Es wird nicht Leistung *bezahlt*, sondern *ermöglicht*. Wirtschaftliche Risiken – in der Landwirtschaft sind es die Ernteausfälle – werden geteilt und von all jenen gemeinsam getragen, die später die Produkte für sich nutzen. In kleinen Maßstäben funktioniert das bereits; auf das Beispiel der solidarischen Bäckereien habe ich ja eben schon hingewiesen.

Im etwas größeren Maßstab gibt es das Beispiel der Firma „Endenburg Elektrotechnik" in den Niederlanden, die von ihrem Inhaber Gerard Endenburg soziokratisch umorganisiert wurde, nachdem er die Geschäftsführung von seinem Vater übernommen hatte. Durch das Organisationsmodell der Soziokratie kommt den sozialen Prozessen, nicht einer statischen Hierarchie, entscheidende Bedeutung für die Führung der Firma und ihrer Geschäfte zu. Hierin liegt eine große Übereinstimmung mit den Prinzipien der Permakultur, z.B. durch das Aussetzen des Wachstumsparadigmas. Die Firma ist ein gutes Beispiel dafür, daß so etwas funktionieren kann. Das Einbeziehen aller

Mitarbeitenden und der Kundschaft funktioniert nicht nur auf lokaler, kleiner Ebene, sondern auch im größeren Stil.

P.K.: Dafür gibt es historisch viele Vorbilder. Die Landwirtschaft oder gar das ganze Wirtschaftsleben zu einem wirklich dem Leben dienlichen System umgestalten zu wollen treibt Menschen schon seit Beginn der Industrialisierung um. Dafür sind viele gute Ideen und Handlungsansätze entwickelt worden. Kann man die Idee der Permakultur auch als Zusammenfassung des vorher schon Dagewesenen verstehen, also als den Versuch, einen gemeinsamen Nenner für die offensichtliche Vielfalt heterodoxer („von der Norm abweichende", Anm. d. Red.) Ideen zu finden?

R. Müller: Es ist eine große Stärke der Permakultur, daß viele gute Ideen zusammenkommen und daß vor diesem Hintergrund tragende Prinzipien herausgearbeitet wurden, die all den verschiedenen Ideen gemeinsam sind. Es handelt sich also nicht etwa bloß um die Tradition von Wissen. Es wird nicht einfach nur weitergegeben, was man früher so und so gemacht hat. Man ist einen Schritt darüber hinausgegangen, indem man die Wirkungsprinzipien herausgearbeitet hat, um welche es bei alledem geht und welche auch in die Zukunft führen können. Das ist neu!

Für mich ist die Permakultur wertvoll, weil sie das Denken anregt, von Prinzipien ausgehend. Ein weiterer wichtiger Aspekt ist das Denken in Qualitäten statt in Produkten. Feste Verfahrensweisen der Permakultur gibt es in dem Sinne nicht. Andere Konzepte geben ganz konkrete Rezepte für dieses und jenes vor; in der Permakultur geht es hingegen um einen Gestaltungsrahmen, wobei sich das Konkrete in jeder Situation und Aufgabenstellung immer wieder neu ergibt.

P.K.: Wenn ich von der Suche nach einem gemeinsamen Nenner sprach, dann nicht, um die Permakultur dadurch zurücksetzen zu wollen, sondern ganz im Gegenteil: Es scheint mir gerade zeitgemäß zu sein, das Verbindende in vielen verschiedenen Ideen zu suchen und zu formulieren. Dadurch kommt alles einen Schritt weiter.

Die Biobewegung als Trendsetter und Beispiel

Das Denken in Qualitäten, nicht in Quantitäten könnte eine entscheidende Fähigkeit sein, wenn es um die Entwicklung von Ideen für die Zukunft geht. Aber auch das ist nicht neu. Es schließt direkt an die Biobewegung an, die sich seit 40 Jahren besonders stark entwickelt. Kann man die Biobewegung auch als Trendsetter der Permakultur verstehen?

R. Müller: Die Biobewegung hat sehr wichtige Impulse für vieles gebracht. Es wurde in ihr frühzeitig schon vieles von dem erkannt, was nun in der Permakultur zu finden ist. Allerdings wurden in der Frühzeit der 1970er Jahre nur wenige Menschen dadurch angesprochen. Es war ein Nischenphänomen. Das hat sich mittlerweile geändert, weil auch immer mehr Menschen erkannt haben, wie ausgeprägt die Problematik ist, deren Bearbeitung von der Biobewegung angegangen wurde. Das war bezüglich der Permakultur genauso. Manche Entwicklungsprozesse verliefen parallel. Dann, einhergehend mit immer mehr Möglichkeiten, sich mit Biolebensmitteln zu versorgen, hat auch das Bewußtsein für die ganze Fragestellung zugenommen. Ich glaube, daß das eine gute Grundlage für das Verständnis der Permakultur geliefert hat, die vom philosophischen Standpunkt aus betrachtet sogar noch über die Ideen der Biobewegung hinausgeht.

P.K.: Solche Ideen wie die der Biobewegung oder der Permakultur finden vorerst am gesellschaftlichen Rand ein Zuhause. Es sind Minoritäten, die in irgendeiner Weise schon anders sind als das Denken der großen Masse der Menschen. Dann setzt ein Wachstum ein, mit dem die Ideen immer weiter in die Mitte der Gesellschaft hineinkommen. Das führt aber zugleich auch zu einer zunehmenden Kommerzialisierung. Irgendwann – das kann man bei der Biobewegung ganz gut erkennen – wird die einstige Alternative durch genau die gleichen Kräfte und Zwänge bestimmt wie jene Lebens- und Wirtschaftsformen, die man eigentlich grundlegend verändern wollte.

Logo der real,- Group Holding GmbH

R. Müller: Das findet bezüglich der Permakultur auch bereits statt, indem es mittlerweile bei „Real" ein Permakultursiegel gibt. Da ist natürlich klar, daß die dahinter wirkenden Produktionsstrukturen recht groß sein müssen, denn sonst könnte eine so große Handelskette gar nicht angemessen beliefert werden. Da ergibt sich also ein innerer Widerspruch, eine inhärente Spannung zwischen dem anfänglichen Arbeiten im Kleinen und der Übertragung ins Große.

Um den Prinzipien der Permakultur treu sein zu können, braucht es, mindestens größtenteils, regionale Verteilungsstrukturen. Das aber ist so nicht möglich, wenn eine große Handelskette durchgängig Südfrüchte anbieten will, die aus permakulturellem Anbau stammen. Ebenso kann dies dann wohl kaum mehr ein kleinbäuerlicher Anbau sein. Übrigens sollten natürlich auch saisonale Aspekte berücksichtigt werden.

Dieses Dilemma findet sich auch im Fair-Trade-Bereich. Da gibt es fair gehandelte Blumen, die aus Kenia nach Europa kommen. Die dahinter liegende Frage, ob es überhaupt sinnvoll ist, zu jeder Jahreszeit bestimmte Blumen zur Verfügung zu haben, bleibt ungestellt. Die Blumen kommen zwar mit einem Bio- und einem Fair-Trade-Siegel, aber der Handel mit ihnen widerspricht trotzdem gewissen Grundgedanken der Biobewegung.

Das gute Engagement stößt auf Widersprüche

Einerseits ist es wichtig, daß nicht gegen ganz elementare Einsichten gehandelt wird; andererseits wäre es gut, wenn Bio und Permakultur Mainstream würden. Der Knackpunkt ist, daß alles dennoch unter dem Dach des alles überlagernden Wirtschaftssystems stattfindet.

P.K.: Der US-amerikanische Soziologe Paul Ray stellte im Jahr 2000 im Rahmen einer Studie den Begriff *„Cultural Creatives,* Kulturkreative" vor, mit dem er die am schnellsten wachsende Wertegemeinschaft in der amerikanischen Gesellschaft bezeichnete. In dieser Gemeinschaft der Kulturkreativen finden sich all jene Menschen, die in den verschiedensten Lebensbereichen an einer Transformation des Bestehenden zu einem Neuen, dem Leben Dienenden arbeiten.

Das kulturkreative Engagement stößt immer wieder auf den Widerspruch, den du gerade aufgezeigt hast. Brauchen wir also zur Umsetzung der kulturkreativen Ideen eine ganz andere Welt? Kommen wir in den bestehenden Verhältnissen mit dem, was uns am Herzen liegt, überhaupt voran?

R. Müller: Wenn wir eine andere Welt hätten, bräuchten wir keine besonderen, kulturkreativen Ideen mehr, denn die sind ja gerade dafür da, um einen Wandel vom Bestehenden und Vorherrschenden bewirken zu können. Das kann man auch für die Permakultur sagen: Lebten wir in einer zukunftsfähigen Welt, bräuchten wir keine besonderen Konzepte mehr, die eigens dafür da sind, genau das zu ermöglichen.

All unser Handeln findet in diesem Realitätsfeld statt, das nicht ideal und sogar voller Mißstände ist. Auf höherer Ebene könnte man vom Spannungsfeld zwischen Gut und Böse sprechen. Das reicht bis in unsere ganz persönlichen Wertevorstellungen hinein, die allerdings auch kulturell bedingt sind. Was der eine Mensch als gut bezeichnet, ist für einen anderen vielleicht böse. Das entscheidet sich u.a. aus den kulturellen Kontexten heraus. Das ist mit dem Leben auf dieser Erde immer verbunden, da kommen wir nicht heraus.

Ich versuche mir immer wieder klarzumachen, daß mein eigener Handlungsspielraum begrenzt ist. Meine Kompetenzen und Kapazitäten reichen nicht für alles. Auch die Art, wie heute allgemein gelebt und gewirtschaftet wird, schafft Begrenzungen, die man nicht übergehen kann. Darum brauche ich nicht soviel zu erwarten. Aber ich mache mir auch immer wieder klar, daß im Zusammenwirken von mehreren Menschen dennoch manches möglich ist. Wandel – also der kulturelle, von Menschen gemachte – funktioniert immer nur so, daß er durch Gruppen und Gemeinschaften getragen wird.

Rebound der Ideen und Bedeutung der Spiritualität

P.K.: Man kann das als Ausdruck der Resignation hören, wenn du sagst, daß deine Kräfte begrenzt sind und du dich auf das gerade noch Realistische beschränkst. Aber ich stimme dir sofort zu, wenn du die Kraft von Gruppen und Gemeinschaften erwähnst, denn das entspricht auch meiner Erfahrung. Solche Gruppen müssen nicht einmal sehr groß sein, um einen Wandel anzustoßen. Der Marktanteil von Biolebensmitteln liegt in Deutschland bei nur rund fünf Prozent, dennoch ist die Wirkung vergleichsweise sehr groß. Es werden Themen in den Diskurs gebracht, die weit über den Bereich der Ernährung hinausreichen.

Aber wir sehen uns auch mit einem Effekt konfrontiert, der auf technischem Feld sehr gut untersucht ist und den man Rebound nennt. Der in einem Bereich erreichte Vorteil einer sparsameren Produktionsweise wird durch Mehrkonsum sogleich wieder kompensiert. Wenn Autos Sprit sparen, wird mehr gefahren. Das gleiche ereignet sich auch mit den Ideen. Wenn es vielen Menschen nun klar ist, daß wir so wie bisher nicht mehr weiterleben können, liefert das fatalerweise den Grund für das Schaffen von Systemen und Systemgrößen, die erreichte Vorteile wieder aufzehren. Wir wissen um die Vorteile erneuerbarer Energien, von nachhaltigen Methoden der Landwirtschaft und ressourcenschonender Produktionen, aber wir sind dennoch nicht davor gefeit, alles in Formen zu fassen, die der alten Ordnung entlehnt sind. Der Wandel der Paradigmen ereignet sich nicht. Wir gießen den neuen Wein immer wieder in alte Schläuche.

Es geht an dieser Stelle auch um eine spirituelle Dimension, die in der Kultur der Urvölker ja immer eine entscheidende Rolle spielt. Ihre Methoden des Lebens und Wirtschaftens sind von einer originär spirituellen Sicht auf das Leben nicht zu trennen. Wenn wir das ignorieren, bauen wir unsere Ideengebäude ohne Fundament.

R. Müller: Ich verstehe Spiritualität als Ausdruck von Verbindung. Wenn wir – von was auch immer – getrennt sind, fehlt uns auch eine wichtige Qualität der Wahrnehmung. Wie verbunden fühlen wir uns denn tatsächlich mit dem Leben der Erde? Spiritualität öffnet einen guten Weg, wieder zur Verbundenheit zurückzufinden, zur Verbindung mit sich selbst und mit der Mitwelt gleichermaßen. Das Handeln wird dann von einem hohen Bewußtsein getragen.

Wären wir in einer tiefen Verbindung mit der Welt und mit uns selbst, gäbe es bestimmte Probleme gar nicht. Dann würden sich viele Systeme verändern, weil es den Menschen z.B. aus sich selbst heraus nicht möglich wäre, ein Stück Land auszubeuten. Gleiches gilt für das Verhältnis der Menschen zueinander: Würden sie die Verbundenheit fühlen, könnten sie keine Feindschaft aufbauen und Kriege führen.

P.K.: Setzen wir das Erlebnis und die Pflege der Verbundenheit als gleichbedeutend mit dem, was unter spirituell verstanden wird. Daraus ergeben sich ja bestimmte Formen der Philosophie und der Ritualistik, mit denen in verschiedenen Kulturen gelebt wird. Das führt für mein Verständnis zugleich aus jenem Umgang miteinander heraus, der sich in Fraktionen, im Für und Wider, ereignet. Dem soziokratischen Modell entspricht auch das Konsentprinzip – also nicht „Konsens", sondern „Konsent" (http://www.partizipation.at/soziokratie.html, „Konsentprinzip: Entscheidung fällt, wenn kein schwerwiegender Einwand geltend gemacht wird", Anm. d. Red.), in dem auch Meinungsminderheiten nicht einfach untergehen. Das Gemeinsame ist entscheidend und nicht die Macht im Verhältnis von Menschen zueinander.

Du hast sehr viel mit Menschen zu tun, die sich auf den Weg des Wandels begeben haben. Sie kommen in deine Workshops oder suchen Beratung für ihre Projekte bei dir. Was bewirkt, daß Menschen überhaupt für derartige Themen aufgeschlossen sind bzw. werden?

R. Müller: Es geht da um verschiedene Aspekte. Bei manchen kann es eine gewisse Verzweiflung darüber sein, wie es ihrer Meinung nach um die Welt bestellt ist. Daran schließt sich die Hoffnung an, in der Permakultur einer Lösungsmöglichkeit zu begegnen. Andere kommen über das Interesse am Gärtnern zur Permakultur. Sie erleben, daß ihnen die Gartenarbeit wohltut, und fragen und forschen von da aus weiter. Und dann gibt es Menschen, die aus wissenschaftlichem Interesse kommen, weil sie irgendwo den Ideen der Permakultur begegnet sind.

Für mich war es so, daß ich auf Permakultur gestoßen bin, nachdem ich mich einige Jahre intensiver mit dem Konzept der Nachhaltigkeit befaßt hatte. Damals kam ganz neu die Studie *Zukunftsfähiges Deutschland* (Basel 1996) heraus, die ich las. Darin wurde beschrieben, daß sich viele unserer Lebensgewohnheiten radikal ändern müßten, wenn wir zukunftsfähig sein wollen. Parallel war ich bei Greenpeace aktiv. Ich stieß immer mehr auf die Bedeutung meiner eigenen Verantwortung für die Zukunft und bemerkte, daß ich noch viel aktiver sein und vor allem die Veränderung in mir selbst radikal angehen müßte. Drei Jahre lang suchte ich nach Wegen dazu, kam auf die Idee der Selbstversorgung – und dann wies mich jemand auf die Permakultur hin. Mein Zugang geschah also über das Erkennen von Verantwortung und durch das Ringen darum, dieser Verantwortung gerecht werden zu können.

P.K.: Und wo beginnt darin die spirituelle Dimension?

R. Müller: Verbundenheit wird durch das *Erlebnis* von Verbundenheit genährt. Das ist ganz wichtig! Darum sind wohltuende Gruppenerfahrungen auch so bedeutsam, wenn man sich gemeinsam Themen widmet. Das reicht bis zu so einfachen Dingen wie dem gemeinsamen Einnehmen der Mahlzeiten, wodurch ein anderes Verhältnis zur Nahrung und Ernährung möglich wird – und über das ganz niederschwellige Erleben von Verbundenheit schon die spirituelle Dimension miteinbezogen ist.

Was ist genug?

P.K.: Kommen wir abschließend auf die Kernfrage. Was ist genug? Wie definierst du dieses Maß aus deiner Sicht und vor dem Hintergrund deiner Erfahrungen?

R. Müller: Dieses Maß ist ein schwankendes, individuelles. Es variiert, abhängig von den Lebensumständen. Für mich ist dieses Maß klar mit dem Empfinden von Glück gekoppelt. Glückliche, allgemein zufriedene Menschen brauchen weniger. Ich kenne das von mir, daß ich viel weniger essen muß, wenn ich mich glücklich fühle. Physiologisch tue ich das gleiche, aber ich habe weniger Hunger und Durst.

Die Schwankungen bezüglich des Maßes für das Genug sind psychologisch bedingt. Aber auch die Kultur spielt eine wichtige Rolle. In Nepal habe ich erlebt, daß die Mahlzeiten tagein, tagaus – morgens, mittags und abends – stets nur aus Reis, Dhal und ein klein wenig Gemüse bestanden. Diese recht mageren Mahlzeiten geben den Menschen dort bereits so viel Kraft, daß sie scheinbar mühelos in den Steigungen des Himalaya unterwegs sind, die so manchen viel reichhaltiger ernährten Europäer zum Keuchen bringen. Es ist also offenbar für die Leute dort keine Mangelernährung, sondern in diesem kulturellen Kontext genug. Für mich selbst war es das auch, ich brauchte in der Zeit dort nichts anderes. Das hängt aber auch für mich mit dem kulturellen Kontext zusammen; denn hier in

Deutschland wäre ich mit dieser Art der Ernährung durchaus unzufrieden, und es würde mir wohl – gefühlt – nicht reichen. Zusammengefaßt würde ich sagen, daß das Genug nicht scharf zu definieren ist. Es hängt sehr stark vom aktuellen Lebensstatus und Umfeld ab.

P.K.: Wir haben es nicht leicht, uns in dieser Erfahrung bewußt und wach zu bewegen. Die mitweltliche Auskömmlichkeit ist für die meisten Menschen in unserem Kulturkreis nicht leicht zugänglich. Warum haben wir es damit so schwer?

R. Müller: Weil wir nur über eine begrenzte Wahrnehmung verfügen. Um eine mitweltliche Auskömmlichkeit entwickeln zu können, müssen wir Informationen zusammentragen, die u.U. nicht mehr in unserem unmittelbaren Wahrnehmungsbereich zu finden sind. Unser Wirkungsbereich reicht mitunter ja über unseren Wahrnehmungsbereich weit hinaus. Das ist das eine. Etwas anderes ist die Macht der Muster, also der Verhaltens-, Wahrnehmungs- und Denkmuster. Wir sind in einer Gesellschaft aufgewachsen, die ihr Genug allenfalls erst weit über dem Maß der mitweltlichen Auskömmlichkeit findet. Wir müssen also die Muster ändern, nach denen wir uns in unserem Leben eingerichtet haben. Das bedeutet, Verzicht zu üben, was wiederum mit unseren Gewohnheiten kollidiert. Die damit gegebene Schwierigkeit werden wir nur überwinden, wenn wir unser Bedürfnis nach Entfaltung unserer Persönlichkeit auf eine andere Ebene bringen, auf der es nicht zuerst um materielle Zufriedenheit geht – sondern auf der wir von tiefer Verbundenheit beseelt sind.

Das Buffet ist übervoll

Interview mit Hanna und Marie Eckart

Wenn es um Fragen der Lebensführung geht, besonders um die nachhaltig orientierte, wird oft ein Unterschied zwischen den Generationen vermutet. Jugend neigt zu verschwenderischem Genuß, Alter macht besonnen – so die Klischees. Ob damit die Wirklichkeit getroffen ist, sei dahingestellt, besonders weil es nicht wenige junge Menschen gibt, die allein schon durch ihre Rebellion gegen das Bestehende einen in seiner Wirkung signifikanten Einfluß auf den allgemeinen Gang der Dinge ausüben.

Hanna und Marie Eckart sind Mutter und Tochter. Sie teilen ihre Überzeugung von der Bedeutung achtsamen Lebens. Beide setzen sich dafür ein: die Mutter als Lehrerin für Achtsamkeit (erlebe-achtsamkeit.de), die Tochter engagiert sich u.a. in der Entwicklungszusammenarbeit (interaktion-kurs.de).

Peter Krause: Wir Menschen haben, wenn um unseren Leib geht, eine gut funktionierende Wahrnehmung vom Zuwenig und vom Zuviel. Wir spüren es sofort, wenn wir unter- oder überversorgt sind. Aber bezüglich der Verhältnisse um uns herum setzt diese Wahrnehmung offenbar schnell aus. Allgemein verbrauchen wir zuviel, konsumieren, ohne Rücksicht auf unsere Mitwelt zu nehmen. Dadurch ist unser Leben geprägt, und die Welt nimmt sogar beträchtlichen Schaden. Woran liegt das eurer Meinung nach, und was könnte getan werden, um aus diesem Dilemma herauszukommen?

Leben in der Überflußgesellschaft

Hanna Eckart: Wenn man unser Konsumverhalten mit dem Essen vergleicht: Ein reichhaltiges, riesiges Buffet läßt einfach mehr essen, als es dem Sättigungsgefühl entspricht. Aber auch der kulturelle Kontext ist entscheidend. Das Angebot in unserem Lebensumfeld ist riesig. Das steigert die Begehrlichkeit.

Marie Eckart: Wenn man in unserer Gesellschaft aufwächst, macht man sich erst einmal keine Gedanken darüber, daß wir in einer Überflußgesellschaft leben, daß es anders sein könnte und was eigentlich genug bedeutet. Man bekommt vorgelebt, daß das große Buffet immer da ist. Warum sollte man dann darüber nachdenken, daß es anders sein könnte oder daß es für viele Menschen tatsächlich ganz anders ist? Man denkt nicht darüber nach, daß es von allem auch weniger sein könnte und daß das auf jeden Fall auch ausreichend wäre.

P.K.: Das ist jetzt sehr allgemein gesprochen. Kannst du das noch etwas konkreter sagen?

M. Eckart: Es sind nicht alle Jugendlichen, die gedankenlos konsumieren. Aber in der Schule begegnen mir viele, die ständig neue Dinge wollen. Die greifen dann auch zu, wenn etwas angeboten wird. In meiner Jahrgangsstufe sind wir 125 SchülerInnen, von denen vielleicht fünf Prozent über ihren Konsum und das Maßhalten nachdenken.

H. Eckart: Wenn ich mich an meine Jugend erinnere, fällt mir auf, daß sich das Angebot verändert hat. Es ist viel größer geworden. Dennoch gab es auch damals das Streben nach mehr. Das Denken an sich war vielleicht nicht so anders, aber die Erreichbarkeit hat sich verändert. Es ist viel leichter geworden, viel zu konsumieren. Weil früher weniger vorhanden war, war man auch mit weniger zufrieden.

Innerliche und äußerliche Entwicklungen

P.K.: Die Veränderungen von Angebot und Bedarf hast du in der Zeit erlebt, in der deine Kinder heranwuchsen. Wie bist du damit umgegangen?

H. Eckart: Zum einen bin ich selbst durch meine Erziehung geprägt, die mich mit einem stärkeren Bewußtsein aufwachsen ließ. Das liegt vielleicht am christlichen Hintergrund, aus dem heraus man sich mit ethischen Fragestellungen, mit der Zufriedenheit z.B., beschäftigte. So lag es nicht nahe, sich Glück aus Konsum zu erhoffen. Das hat sich auf die Erziehung meiner Kinder ausgewirkt. Als sie klein waren, wollte ich sie aus diesem Grund z.B. nicht mit Spielzeug überhäufen.

Mit den Jahren hat sich auch meine Denkweise insofern verändert, als ich hinterfragt habe, was ich wirklich brauche. Muß ich das neue Kleidungsstück wirklich haben? Brauche ich es? Und aus welchem Grund gehe ich jetzt gerade einkaufen? Solche Gedanken wurden im Laufe der Zeit stärker in mir.

M. Eckart: Wir, meine Geschwister und ich, hatten schon sehr früh, seit ich etwa zwölf Jahre alt war, unser eigenes Geld. Wir hatten ein monatliches Budget zur Verfügung und kauften selbständig ein. Dadurch habe ich beim Einkaufen von Kleidung oder anderen Dingen des täglichen Bedarfs damit begonnen, über meinen Einkauf genauer nachzudenken; am Anfang noch nicht so sehr, wie es heute der Fall ist. Das entwickelte sich, weil ich mit der Zeit darauf stieß und zu hinterfragen begann, wie die Sachen produziert werden. Und ich begann darüber nachzudenken, was ich wirklich brauche und was ich darum kaufen muß. Ich hatte Geld zur Verfügung und erlebte, daß ich mir das einteilen muß.

P.K.: Die Veränderung deines Kaufverhaltens hat sich also nicht in erster Linie an der ökologischen Frage entzündet?

M. Eckart: Mit zwölf Jahren noch nicht. Aber mit 14 Jahren; da war ich auf einer Freizeit, die hieß „Unter Planen". Wir Jugendlichen schliefen eine Woche lang draußen, unter Brücken oder Planen. Eine Teilnehmerin, mit der ich mich viel unterhalten habe, war Vegetarierin. Seitdem bin ich es auch. Ich trat der Grünen Jugend bei und beschäftige mich seitdem viel mit solchen Fragen.

H. Eckart: Es war schon früh eine Idee von mir, daß die Kinder möglichst früh für ihren Bedarf ein Budget an Geld verwalten sollten. Dabei ging es also nicht nur um das herkömmliche Taschengeld, sondern überhaupt um den alltäglichen Bedarf. Und bei dieser Freizeit hatte Marie für eine Woche 60 Euro zur Verfügung, die für Fahrt, Verpflegung und Vergnügen ausreichen mußten. Sie stellte damals fest, mit wie wenig Geld man auskommen kann, und kam ganz glücklich wieder nach Hause.

P.K.: Wie war es für dich als Mutter? Hattest du immer genügend Geld zur Verfügung, um die Familie versorgt zu wissen?

H. Eckart: Es gab schon Momente, in denen ich mir Sorgen gemacht habe, besonders deshalb, weil ich einen großen Teil alleinerziehend verbracht habe. Solche Phasen gab es, aber es war tatsächlich nie wirklich etwas zuwenig.

Die Generationen und die Achtsamkeit

P.K.: Und heutzutage seid ihr euch als Mutter und Tochter in den Fragen der Lebensführung und des Lebensstils einig, oder knarrt es manchmal auch im Gebälk?

H. Eckart: Natürlich knarrt es auch mal. Wir vertreten natürlich auch hin und wieder unterschiedliche Ansichten darüber, was man in einem bestimmten Moment braucht und was nicht. Aber wir streiten uns deswegen nicht. Vielleicht schaut die eine manchmal etwas mißbilligend auf die andere. Vor kurzem habe ich Marie ein T-Shirt gekauft und mitgebracht, weil sie es in dieser Farbe dringend brauchte. Darüber war sie richtig empört, weil es ihrer Meinung nach nicht nötig gewesen wäre, es neu zu kaufen.

M. Eckart: Ich fühlte mich unverstanden, denn für mich war klar, daß ich mir zu dem Zeitpunkt nicht irgendwo in der Stadt ein neues T-Shirt kaufen würde. Und ich verstand nicht, warum meine Mutter auf die Idee gekommen war, genau das zu tun. Meine Reaktion war ganz spontan; im nachhinein war ich darüber nicht weiter verärgert.

P.K.: Ist es vielleicht so, daß deine Generation vielleicht ganz anders mit der Frage nach dem Genug umgeht, als es die Generation deiner Eltern tut?

M. Eckart: Ich glaube nicht, daß es diesbezüglich einen großen Unterschied zwischen den Generationen gibt. Die heutigen jungen Leute verhalten sich nicht anders als ihre Eltern. Sie wollen alle zwei Jahre ein neues Smartphone, und sie sind genauso überwältigt vom großen Buffet der Angebotsvielfalt.

H. Eckart: Auch ich sehe da keinen großen Unterschied zwischen den Generationen, außer vielleicht bezüglich der Objekte. Erwachsene im Erwerbsleben können sich teurere Dinge kaufen, Häuser, Autos, Luxusgegenstände. Es ist eine schleichende Entwicklung, die sich vollzieht. Wenn jemand mehr Geld zur Verfügung hat, gibt er auch mehr Geld aus.

Zwischen den Generationen gibt es bezüglich der Grundlagen des Konsumverhaltens keinen besonderen Unterschied, weil man – altersunabhängig – mit dem Haben das Gefühl von Glück verbindet. Wenn ich etwas bekomme oder wenn ich mir etwas kaufe, löst das ein Gefühl von Glück aus.

P.K.: Was rät die Achtsamkeitslehrerin diesbezüglich?

H. Eckart: Achtsamkeit bedeutet, daß ich jeden Moment meines Lebens so bewußt wie möglich erlebe. Das wirkt sich auch auf meine Bedürfnisse aus, die ich dann beobachten kann. Ich kann versuchen, bewußt wahrzunehmen, was mich im Leben antreibt. Von daher kann es mir gelingen, nicht bloß spontan, sondern überlegt zu reagieren. Das bedeutet nicht, daß man sich nichts mehr gönnen soll, sondern daß es eine bewußte Entscheidung ist, die mich etwas tun läßt. Das ist ein erster Schritt.

M. Eckart: Konsum kann eine Ersatzbefriedigung sein. Oft geht es auch um das Überwinden von Langeweile und einer Unzufriedenheit mit dem Leben. Das hängt damit zusammen, daß wir uns so sehr von der Natur abkapseln. Mit der Zeit werden sich die Einstellungen des Menschen aber vielleicht insofern wieder verändern, als sie wieder Kontakt zur Natur suchen und verstehen, was genug ist. Aber es ist die Frage, ob es ausreicht, wenn das nur auf einige wenige Menschen zutrifft.

Eine andere Art, sein Leben zu führen

Interview mit Franziska und Markus (Namen geändert)

Erfahrungen prägen. Sie sind der Fokus für Wandlungsvorgänge, in die wir Menschen immer einbezogen sind. Auf diese Weise werden wir durch den Einfluß der Mitwelt verändert. Was man aus Erfahrungen gewinnen kann, formt Leitbilder für die eigene Lebensführung. Besonders relevant werden die eigenen Erfahrungen, wenn es um die Verantwortung Erwachsener für Kinder geht. Sie gehen die Wege, die ihnen durch diejenigen geebnet werden, die ihnen vom Lebensalter her voraus sind. Darin finden Heranwachsende schließlich auch ihr Maß des Genug. Wie gehen junge Eltern mit der Aufgabe um, für die Lebenswege ihrer Kinder in erster Linie verantwortlich zu sein?

Markus, ein Deutsch-Amerikaner, hat viel und lange Afrika bereist. Seine Partnerin **Franziska** stammt aus Rumänien. Sie kennen also ganz verschiedene Kulturen und leben mit ihren zwei Kindern in Deutschland. Das färbt ihr Erleben der kleinstädtischen Umgebung, in der sie wohnen.

Peter Krause: Ihr seid junge Eltern zweier Kinder. Das verändert manches im Leben. Möglicherweise entdeckt ihr nun, wie andere Eltern auch, ganz neue Bedürfnisse. Ihr stellt fest, daß manches vielleicht fehlt – in eurer Umgebung, aber auch in euch und eurem Verhalten. Das wäre also eine Erfahrung des Nicht-Genug. Kennt ihr das?

Gemeinschaftserleben in unterschiedlichen Kulturen

Franziska: Was im gewöhnlichen Alltag fehlt, ist eine wirkliche Gemeinschaft. Die Menschen leben dicht beieinander, aber sie machen zuwenig gemeinsam. Das fällt mir immer wieder auf. Warum spielen so wenige Kinder draußen? Was machen die Menschen die ganze Zeit in ihren Wohnungen und Häusern? Damit beschreibe ich natürlich erst einmal, was nicht genug ist: die selbstverständliche Gemeinschaft!
Markus: Mir geht das ähnlich. Wenn ich von meinen Reisen nach Afrika zurückkam, war das immer ein Kulturschock. Ich erlebte sofort,

daß mir etwas fehlt, nämlich die Gemeinschaft. In Afrika war ich nie allein, man lebt ganz und gar zusammen. Die Menschen sitzen meistens vor ihren Häusern, denn drinnen ist es zu heiß. So findet man schnell zusammen, und vieles geschieht in Gemeinschaft. Das vermittelte mir stets das Gefühl von Fülle. Das vermisse ich in Deutschland.

P.K.: Franziska, hast du vielleicht auch ein positives Bespiel parat?

Franziska: Ich war einmal bei einem Rainbow-Gathering, das im Freiburger Umland stattgefunden hat. Alle 120 Teilnehmenden hatten für jeweils 25 Euro eingekauft, und dann haben wir damit eine Woche lang gemeinsam gekocht. Es war gut und hat für alle gereicht! Dabei spielte es eine Rolle, daß das in der Natur war. Das allein war schon sehr erfüllend. Das Programm vom Gathering wurde auch so gestaltet, daß alle sich irgendwie eingebracht haben. Jeder machte, was er kann, und stellte es den anderen zur Verfügung. Daraus entstand ein wunderbares Gemeinschaftsgefühl ...

P.K.: ... das du im normalen Alltag vermißt?!

Franziska: In unserer Kultur hier in Deutschland ist vieles gut organisiert. Es ist wenig „wild". Vieles geschieht darum nicht „einfach so", aus dem Gegebenen, aus dem Moment heraus.

Alltägliche Erfahrung der Fülle

P.K.: Das ist eine Erfahrung des Mangels. Man sollte meinen, daß Mangelerfahrungen in unserer Lebenswelt schon deshalb merkwürdig sind, weil doch für alles Lebensnotwendige bestens gesorgt ist – jedenfalls äußerlich. Und so interessiert mich, wo ihr, nicht nur in Ausnahmesituationen, sondern in eurem Alltag, Fülle erlebt, also nicht nur Erfahrungen macht, die euch einen Mangel erleben lassen.

Markus: Ich kann berichten, wie ich den Unterschied zwischen der deutschen Kultur und der in den USA erlebe. Mein verstorbener Vater war Amerikaner, und darum war ich oft, manchmal für Monate, in diesem Land. Aus meinen Erfahrungen sage ich, daß ich hier in Deutschland die direkte Ehrlichkeit in den Begegnungen mit anderen Menschen schätze. Diese Ehrlichkeit, daß man sagt, was man tatsächlich denkt, gibt es in Amerika so nicht. Auch das Geschichtsbewußtsein ist in Deutschland viel stärker, woraus sich schon kulturell eine selbstkritische Haltung ergibt. Als ich als Jugendlicher von den USA nach Deutschland zurückkkam, habe ich an diesem kulturellen Unterschied Fülle erlebt.

Hinzu kommt, daß man es in den USA im alltäglichen Leben schwerer hat. Es fehlen oft Elemente der grundlegenden Absicherung wie

Kindergeld, Krankenversicherung, Sozialleistungen. Als junge Familie haben wir in Deutschland das Gefühl, daß erst einmal für uns gesorgt ist. Das wäre in den USA nicht so.

Franziska: Ich bin in Rumänien in sehr einfachen Verhältnissen aufgewachsen. Diese bestimmten das Leben, das größtenteils viel härter war als in Deutschland. Mein Cousin z.B. hat nachts gearbeitet und tagsüber studiert. Das machten alle jungen Leute in Rumänien so. Die Wohnverhältnisse waren so, daß große Familien mit fünf, sieben oder noch mehr Kindern in einer Zwei-Zimmer-Wohnung gelebt haben. Das war also alles ganz anders, als ich es jetzt habe. Materiell gesehen lebe ich jetzt vergleichsweise in einer Fülle. Und dennoch: Wenn ich mich an die Zeit in Rumänien erinnere, fällt mir auf, daß die Menschen sich einerseits mit den äußeren Bedingungen arrangierten, andererseits aber zugleich nach mehr strebten. Man wollte mehr, und wenn man dann etwas mehr hatte, dann hat man es auch gezeigt.

Markus: Manchmal habe ich schon das Gefühl, arm zu sein. Die allgemeine Definition von relativer Armut kann ich gut nachvollziehen, denn ich weiß aus eigener Erfahrung, wie es sich anfühlt, wenn man in einem Laden ist und sich etwas ganz Einfaches nicht kaufen kann. Das kann einen richtig traurig machen.

Gemeinsam und dennoch für sich

P.K.: Große Gemeinschaften – in Dörfern, Städten, Regionen oder Staaten – beginnen ihre Entwicklung im Kleinen und bleiben darin auch verwurzelt. Auch diesbezüglich gibt es ein Zuwenig, Zuviel oder Genug. Ich sage das, weil ihr für euch und eure Kinder ein ungewöhnliches Lebensmodell gewählt habt: Ihr seid ein Paar, habt zwei gemeinsame Kinder, und ihr lebt zusammen. Dennoch wirtschaftet ihr nicht gemeinsam, habt getrennte Aufgaben und getrennte Finanzen. Warum macht ihr das so?

Markus: Wir sind so geworden. Als Studenten sind wir aus diesem WG-Modus noch nicht herausgekommen. Und es ist ein Stückweit Autonomie. Wenn es z.B. um das Geld geht, kann man sparen und ausgeben wo, wann und wofür man will. Ich habe eine Reise nach Australien gemacht, als unser erstes Kind bereits unterwegs war. Diese Reise hat viel Geld gekostet, und darüber, sie trotzdem zu machen, konnte ich allein entscheiden.

P.K.: Für ein Elternpaar ist es ungewöhnlich, daß man seine Aufmerksamkeit darauf richtet, daß etwas so Grundsätzliches wie das alltägliche Wirtschaften – also der Umgang mit Aufgaben, Zeit und

Geld – im gemeinsamen Leben getrennt bleibt. Jedenfalls ist das merk-würdig, wenn man das mit dem allgemein Üblichen vergleicht. Ihr habt vorhin ja gesagt, daß euch die Gemeinschaft fehlt. Aber die allererste Form der Gemeinschaft in eurem Leben ist doch die der Familie und der Elternschaft.

Markus: Im Moment sind die Kinder noch klein. Die Phasen, in denen es nötig wird, genauer zu planen, kommen erst noch. Manches wird sich aufgrund der äußeren Veränderungen ergeben, z.B. wenn ich mein Studium fertig habe und Lehrer bin.

Franziska: Wir machen schon gemeinsame Sachen, kaufen und nut-zen etwas gemeinsam, aber dafür können wir trotzdem wirtschaftlich getrennt leben. Ich kann mir gut vorstellen, daß das auch so bleibt. Es ist für mich auch ein Stück Freiheit, daß ich machen kann, was ich will.

Schenken und beschenkt werden

Wichtige Erfahrungen habe ich auch in Phasen gemacht, in denen ich gar nichts hatte. Und dann kam etwas, was für mein Leben gerade nötig war. Darauf vertraue ich. Das wird in Zukunft nicht anders sein, daß das Benötigte kommen wird: Möbel, Kleidung, Essen usw. Und das ist dann auch genug. Deutschland ist so übervoll, daß man mit materiellen Dingen eigentlich immer gut versorgt ist. Man kann z.B. eine ganze Wohnung nur mit Möbeln vom Sperrmüll einrichten.

P.K.: Das Beschenktwerden lebt immer auch davon, daß jemand, auch man selbst, schenkt. Ihr seid jetzt Eltern, und ihr könnt euch als Erwachsene schnell darüber klarwerden, daß ihr in den zurückliegen-den Jahren von Menschen reichlich beschenkt worden seid, denn sonst wärt ihr nicht die geworden, die ihr heute seid. Genau diese Geste, dieses Beschenken der Kinder, ist nun zu einer Anforderung für euch als Eltern geworden. Wie geht ihr damit um?

Markus: Mir fällt es schwer, dem gerecht werden zu können. Das muß ich ehrlicherweise so sagen. Die innere Bereitschaft, geben zu wollen, nicht genervt zu sein, wenn die Kinder etwas wollen – das ist manchmal nicht leicht für mich.

Mir wurde als Kind viel gegeben. Mein Vater war für mich da und hat nicht soviel an sich gedacht. Mir fällt es schwer, mit diesem Vorbild zu leben, denn ich kann nicht so einfach darüber hinwegsehen, wie es mir geht, oder über das, was ich jetzt gerne machen würde, wenn die Kinder mich brauchen. Andererseits gibt es durchaus Dinge, die ich meinen Kindern zu geben habe und bei denen ich mich freue, sie geben zu können, z.B. in den Wald gehen und die Natur mit allen Sinnen wahrnehmen, den Vögeln lauschen, sich in den Blättern wälzen, um so ein unmittelbares Verhältnis zur Natur zu bekommen; oder das Singen mit den Kindern zu den Tages- und Jahreszeiten. Das ist etwas, das ich durchaus von meinen Eltern an meine Kinder weitergeben kann.

Franziska: Meine Eltern haben sich wenig um mich gekümmert. Meine Mutter hat tagsüber, vom frühen Morgen bis zum Abend, gearbeitet. In der Zeit war ich allein. Unsere Wohnung war sehr klein, ich hatte noch nicht einmal ein Zimmer für mich.

Für meine Kinder versuche ich vor allen Dingen, innerlich an mir zu arbeiten. Jeder Mensch hat ja seine Baustellen, an denen er arbeiten kann. Und auch eine gewisse Angst vor dem Leben gehört zu jedem Menschen. Dem muß ich mich stellen. Wo also kann ich selbst mutiger sein? Wo laufe ich nicht weg, obwohl ich das vielleicht nur zu gern tun würde? Es wäre doch schön, wenn meine Kinder diese Baustellen so nicht mehr hätten.

Der Autor

Peter Krause studierte nach seiner Schulzeit (Waldorfschule Rendsburg) Kunst, Pädagogik, Theologie (1976-1980, 1988/89) und Betriebswirtschaft (1997-1999). Heute arbeitet er als freier Journalist und Schriftsteller (Themenschwerpunkte sind der medizinische Leistungsbereich und die Ökonomie) und ist Co-Initiator des fairventure-Projektes. Außerdem hat er zwei Fernkurse zu den Themen „Wirtschaft" und „Meditation" konzipiert. In Vorträgen und Workshops im In- und Ausland können die Ergebnisse seiner Arbeit auch direkt erlebt werden.

Peter Krause lebt und arbeitet in Herdecke und Mitchell Bay (Kanada).

Neben den beruflichen Interessen an ökologisch sinnvollen Wirtschafts- und Geldformen interessiert er sich besonders für Formen sinnerfüllten Naturerlebens. Beides – eine vernünftige Ökonomie und die mitweltliche Ökologie – gehört für ihn zusammen.

Homepage: aktiv-zukunft-leben.de

Bücher von Peter Krause im FLENSBURGER HEFTE- Verlag:

Meine Welt, Wirtschaft und Geld – Wie Wirtschaft funktioniert, 2. Auflage 2016
Natur und Mensch – Ein Leitfaden für das spirituelle Leben, 2013
Feuer in Tschernobyl – Die Ukraine nach dem SuperGAU, 1994
Einsam – Gemeinsam (Hrsg.), 1992
Das Judasproblem – Von den spirituellen Hintergründen der Gewalt, 1991

und in der Reihe FLENSBURGER HEFTE:

Die Menschheit des Menschen – und das gute Leben, 2015
Mitwelt erleben – Die Welt und wir sind eins, 2014
Arm und Reich – Die Spaltung von Welt und Leben, 2014
Ware Mensch – In den Ketten des Geldes, 2013
Organspende – Ja und nein, 2012
Mehr als Geld – Wirtschaft gestalten, 2011

sowie zahlreiche Beiträge und Interviews in vielen anderen FLENSBURGER HEFTEN.